Birgit Klauder

Hilfen zum Helfen – Begleitende Untersuchungen zur Qualifizierung von LaienhelferInnen in der Dementenbetreuung

Birgit Klauder

HILFEN ZUM HELFEN –
Begleitende Untersuchungen zur Qualifizierung von LaienhelferInnen in der Dementenbetreuung

ibidem-Verlag
Stuttgart

Bibliografische Information Der Deutschen Bibliothek
Die Deutsche Bibliothek verzeichnet diese Publikation in der Deutschen Nationalbibliografie; detaillierte bibliografische Daten sind im Internet über <http://dnb.ddb.de> abrufbar.

∞

Gedruckt auf alterungsbeständigem, säurefreien Papier
Printed on acid-free paper

ISBN: 3-89821-355-2

Printed in Germany

Vorwort

Alles Wissen und alle Vermehrung unseres Wissens
endet nicht mit einem Schlußpunkt sondern mit Fragezeichen
ein Plus an Wissen bedeutet ein Plus an Fragestellungen
und jede von ihnen wird immer wieder von neuen Fragestellungen abgelöst.
(Hermann Hesse)

Im Februar 2003 wurde in Gesprächen mit dem Verein "ambet e. V." in Braunschweig die Idee einer wissenschaftlichen Begleitung an mich herangetragen. Dieses traf meine persönliche Interessenlage, ich ging mit Neugier, aber auch mit Eifer an die bevorstehenden Arbeiten. Gefragt war die Begleitung eines Projekts zur "Initiierung und Vernetzung von Niedrigschwelligen Betreuungsangeboten für Demenzkranke und deren Angehörige". Aus meinen langjährigen berufspraktischen Kenntnissen in der ambulanten Altenpflege war mir die Situation von demenzkranken Menschen und ihrer Angehöriger bereits sehr bewusst. Vielfältige Erfahrungen in verschiedenen Positionen des ehrenamtlichen Engagements haben auch hier meine Ambitionen bestärkt, mich dieser Thematik theoretisch vertiefend zu nähern und dieses Wissen für die Praxis umsetzbar zu machen. So nahm ich das Angebot dankbar an, mich durch eine empirische Untersuchung in Vernetzung zur Praxis dieser Materie zu widmen.

Für die Bearbeitung waren trotz der vorhandenen Kenntnisse Kooperations- und Unterstützungspartner notwendig, die mir dazu verhelfen konnten, Dynamik in diesen Prozess zu bringen. Mir wurde recht schnell klar, dass für die Erstellung solch einer Studie auch eine gehörige Portion Mut und Kreativität nötig ist, um einen solchen Forschungsprozess überhaupt in relativ kurzer Zeit durchführen zu können. Wie HESSE es auch formuliert, ist ein solcher Prozess niemals abgeschlossen. Auch durch noch so komplexe Untersuchungen wird man nicht zu abschließenden Antworten kommen können. So bleiben nach Fertigstellung der Arbeit eine Fülle von Fragen, es stellen sich aber auch neue Fragen, die den Anreiz geben, sich dem Bereich der Ehrenamtlichkeit in Pflegeprozessen immer wieder neu und aus verschiedenen Perspektiven zu nähern.

Dass die begleitende Untersuchung viele neue Informationen und Erkenntnisse für mich bringen konnte, verdanke ich vielen Institutionen und Menschen, denen ich an dieser Stelle Dank sagen möchte.
An erster Stelle sind hier die MitarbeiterInnen des Vereins "ambet" zu nennen, an ihrer Spitze Frau Dipl. Psychologin Gertrud Terhürne und Frau Dipl. Soz.päd. Petra Karls, die mir immer wieder bereitwillig unterstützend zur Seite standen.
Weiterhin waren mir bei der Recherche über bereits bestehende Projekte MitarbeiterInnen aus entsprechenden Einrichtungen in Nürnberg und Münster eine große Hilfe.
Dank sagen möchte ich aber auch Herrn Freter von der Deutschen Alzheimer Gesellschaft in Berlin, der sich an der Aufgabenstellung interessiert zeigte und mir dadurch wertvolle Informationen und Anregungen für das weitere Vorhaben geben konnte.
Weiterhin soll an dieser Stelle Herr Prof. Dr. Döbler und Frau Müller-Beuße genannt werden, die mir bei der Erarbeitung der theoretischen Anteile wichtige Hilfestellungen gaben.
Während der Erstellung einer wissenschaftlichen Arbeit ergeben sich zwangsläufig Höhen und Tiefen, diese konnten dank meiner verständnisvollen Kollegin Brigitte Werner immer wieder überwunden werden.

Abkürzungsverzeichnis

Ambet	ambulante Betreuung hilfs- und pflegebedürftiger Menschen
AWO	Deutscher Arbeiterwohlfahrtsverband
BMFSFJ	Bundesministerium für Frauen, Senioren, Familie und Jugend
Bpa	Bundesverband privater Anbieter sozialer Dienste
Bzw.	Beziehungsweise
DRK	Deutsches Rotes Kreuz
GB	Gerontopsychiatrische Beratungsstelle
NH	Nachbarschaftshilfen
PflEG	Pflegeleistungsergänzungsgesetz
PvG	Pflegeversicherungsgesetz
SGB XI	Elftes Sozialgesetzbuch
Z. B.	Zum Beispiel

Einleitung

Alt und dement - wer hilft? Mit dieser Frage begann der Einstieg in eine doch recht komplexe Materie. Auch sozial- und gesellschaftspolitische Diskussionen werden derzeit stark von diesen zwei Themen berührt: Die ansteigende Zahl von Demenzkranken, die in der eigenen Häuslichkeit wohnen und die mögliche Implementation von ehrenamtlich Engagierten in diesem Gebiet. Durch die demografische Entwicklung, die verbunden ist mit einem Anstieg der Lebensalter zeichnet sich eine ebenso damit verbundene Zunahme altersbedingter psychischer Erkrankungen ab. So wurde die Zahl der dementiell Erkrankten in der Altenbevölkerung Deutschlands 1996 noch auf 930.000 geschätzt. Bis zum Jahre 2030 wird dieser Wert voraussichtlich auf 1,56 Millionen ansteigen. (vgl. BUHL/ENTZIAN in: GERONTOLOGIE UND GERIATRIE, 2002, S. 182) Diese Entwicklung macht ein Umdenken beziehungsweise ein Weiterdenken über effektive und effiziente Möglichkeiten der Versorgung nötig. Betroffen von ökonomischen Sparzwängen sind vor allen Dingen psychosoziale Leistungen, die dem älteren Menschen ein Lebensende in Würde und Selbstbestimmung ermöglichen könnten. In besonderer Weise sind hier ältere, psychisch erkrankte Menschen zu nennen, die mit Hilfe ihrer Angehörigen aber zum Teil auch ohne ein stützendes soziales Netz noch zu Hause wohnen. Pflegende Angehörige stellen einen wichtigen Beitrag für die Versorgung von dementiell erkrankten Menschen dar. So werden nahezu 90% aller Erkrankten von Personen aus dem engeren Familienkreis betreut. (vgl. BMFSFJ, 2002, S. 195) Wenn auf die Ressource der Angehörigen nicht verzichtet werden will, muss das Augenmerk auf andere informelle soziale Netzwerke gerichtet werden. So ist in § 8 des Pflegeversicherungsgesetzes (PvG) zu lesen, dass die pflegerische Versorgung der Bevölkerung eine gesamtgesellschaftliche Aufgabe ist. Aufgabe der Länder, Kommunen und der Pflegekassen ist es, die Bereitschaft zu einer humanen Pflege und Betreuung mit Hilfe ehrenamtlicher Pflegekräfte, Angehöriger und Selbsthilfegruppen zu fördern und zu unterstützen. Dieses kann sich auf eine neue Kultur des Helfens und der mitmenschlichen Zuwendung auswirken. (vgl. PvG;

2003, S. 18) Aus diesem Grund kommt es verstärkt zu Überlegungen wie bürgerschaftlich Engagierte mit ihrem sozialen Kapital, das sie zur Verfügung stellen, im Bereich der Altenhilfe Einzug halten können.

Für die vorliegende Studie ist es gelungen in einem konkretem Praxisfeld eine empirische Untersuchung durchzuführen. So können nach Vorstellung eines theoretischen Grundgerüsts im ersten Teil der Arbeit im zweiten Teil anhand der Untersuchungsergebnisse erste Resultate dargelegt und präsentiert werden. Ziel und Zweck der Arbeit ist es, für Institutionen, die interessiert sind an einem Ausbau in der gerontopsychiatrischen Versorgungslandschaft mit Hilfe von Niedrigschwelligen Betreuungsangeboten hierüber einen Überblick zu erhalten und erste Erkenntnisse in gesammelter Form vorfinden zu können. Praktikern, die in diesem Bereich tätig sind, wird eine Arbeit vorgelegt, die handhabbar ist und konkrete Handlungsempfehlungen für eine Umsetzung geben. Hauptgegenstand der Studie, der sich wie ein roter Faden durch die Arbeit zieht ist, welche Bedeutung eine Qualifizierung von ehrenamtlichen LaienhelferInnen für die späteren Einsätze haben kann. Es gibt bereits Erfahrungen aus Modellprojekten zu dieser Thematik, aber eine flächendeckende Versorgung ist in Deutschland noch nicht gegeben. Seit dem 01.01.2002 ist das Pflegeleistungsergänzungsgesetz (PflEG) in Kraft getreten. Dieses Gesetz schafft die Möglichkeit ein breiter gefächertes und flächendeckendes Versorgungsangebot bereitzustellen. Hier wird vor allem auf den Einsatz ehrenamtlicher Kräfte gesetzt, die durch das Angebot der Niedrigschwelligen Betreuung für eine Ausweitung im Pflegemix sorgen.

Im ersten Kapitel wird die Annahme bestätigt werden können, dass in Deutschland ein hohes Potential von Menschen vorhanden ist, das bereit ist sich ehrenamtlich zu betätigen. Die Ergebnisse des Freiwilligensurveys von 1999 zeigen, dass 34% der Deutschen, das sind rund 22 Millionen Menschen, sich freiwillig engagieren. (vgl. DEUTSCHER BUNDESTAG, 2002, S. 63) Allerdings haben sich

Motivationen und Bedingungen, und somit auch die Bedeutung des Begriffes Ehrenamt gewandelt. Im Gegensatz zum traditionellen Ehrenamt, das gekennzeichnet war durch eine grundlegend altruistische Haltung, besteht bei den heutigen ehrenamtlich Tätigen der Wunsch nach Partizipation und Anerkennung und einer Bereicherung der persönlichen Lebenserfahrung. Nachfolgend wird der Frage nachgegangen, welche Erfahrungen es bereits mit ehrenamtlich Engagierten im Bereich der Dementenbetreuung gibt. Ein wichtiges Merkmal einer Tätigkeit im sogenannten "neuen" Ehrenamt ist die Herstellung einer Anerkennungskultur für die dort Tätigen. Für viele Tätigkeitsbereiche des Ehrenamts sind aufgrund der immer komplexer und anspruchsvoller werdenden Arbeitsfelder vorbereitende Qualifizierungsmaßnahmen notwendig. Dies betrifft auch den Bereich der Dementenbetreuung. Hier wurde mit Einführung des PflEG eine vorbereitende Schulung gesetzlich verankert. Deshalb wird detailliert auf die Bereiche der Qualifizierung und ihren Bedingungen hierzu eingegangen.

Im zweiten Kapitel wird kurz die Situation von Demenzerkrankten dargestellt sowie auf die besonderen Erfordernisse im Umgang und in der Betreuung mit dieser Personengruppe. Wichtig ist in diesem Zusammenhang auf die spezielle Lage der pflegenden Angehörigen hinzuweisen und wie mit Hilfe sozialpolitischer Konzepte Verbesserungen zur Entlastung der sozialen Netzwerke herbeigeführt werden könnten. Bürgernahe und dezentrale Versorgungssysteme sind hier, auch im Vergleich zu anderen europäischen Ländern, als zielsetzend anzusehen. Eine vorrangige Entlastung und Unterstützung in der eigenen Häuslichkeit ist anzustreben so wie auch der Ausbau gerontopsychiatrischer Zentren zu unterstützen ist. (vgl. BUHL/ENTZIAN in: GERONTOLOGIE UND GERIATRIE, 2002, S. 183)

Das dritte Kapitel stellt die derzeitig vorhandenen Versorgungsstrukturen dar, die in der Hauptsache von den Vorgaben gesetzlicher Grundlagen gekennzeichnet sind. Hier wird vorrangig das

PflEG vorgestellt, welches mit seinen Inhalten für die Lage von Betroffenen und für die Situation der pflegenden Angehörigen eine hohe positive Wirkung haben kann.

Im zweiten Teil der Studie wird die wissenschaftliche Begleitung in einem neu entstandenen Projekt vorgestellt. In Braunschweig gibt es seit nunmehr 20 Jahren den Verein "ambet" (ambulante Betreuung hilfs- und pflegebedürftiger Menschen). Dieser Verein hat es sich zur Aufgabe gemacht in allen seinen Maßnahmen und Angeboten den Menschen als ein ganzheitliches Wesen anzusehen. Diese Denkweise macht es nötig, dass in den Versorgungsangeboten eine umfangreiche Palette zur individuellen Betreuung und Versorgung älterer Menschen zur Verfügung gestellt wird. Einen Teilbereich bildet hier die Gerontopsychiatrische Beratungsstelle. Hier werden bereits seit 15 Jahren Beratungs- und Unterstützungsleistungen für ältere, psychisch erkrankte Menschen und ihre Angehörigen angeboten. In dieser langen Zeit konnte es gelingen, dass durch die Kompetenz und dem Fachwissen der dort Tätigen es in der Stadt Braunschweig zu einer fast flächendeckenden Versorgung im gerontopsychiatrischen Bereich gekommen ist. Als Anfang 2003 das Pflegeleistungsergänzungsgesetz in Kraft trat, wollte man dieses hier möglichst schnell umsetzen, um erfolgreich noch bestehende Versorgungslücken zu schließen. So wurde ein Konzept zur Initiierung und Vernetzung niedrigschwelliger Betreuungsangebote entwickelt. Einen Teil des Konzepts stellt die Qualifizierung der ehrenamtlichen LaienhelferInnen dar. So begann man im Februar 2003 mit der ersten Schulungseinheit, an die sich bereits schon im März eine zweite anschloß, da die Nachfrage zu diesem Angebot sehr groß war.

In der vorliegenden Studie wird der Fokus auf die Qualifizierung dieser HelferInnen gerichtet. Zur Exploration war es nötig vielfältige Informationen aus Expertenkreisen einzuholen, um sich ein möglichst umfassendes Bild zu verschaffen. Ein breiter Methodenmix führte zu reichhaltigen Ergebnissen und Auswertungen, die zum Abschluss der

Arbeit auch Vorschläge und Empfehlungen für die Praktiker vor Ort enthalten. Da die Studie zeitlich terminiert war, war es nicht möglich das Projekt abschließend zu evaluieren und die Wirksamkeit der Qualifizierung von LaienhelferInnen in der Praxis zu überprüfen.

Teil I

1. Bürgerschaftliches Engagement in der Altenpflege

Bürgerschaftliches Engagement gewinnt in Deutschland immer mehr an Bedeutung. Die Gründe hierfür sind vielseitig, die Thematik ist weit gefächert. In der folgenden Abhandlung soll sich deshalb auf das Engagement in der Altenhilfe und -pflege beschränkt werden; dazu werden die bestehenden Strukturen in diesem Bereich definiert und Entwicklungen und Veränderungen charakterisiert.

Als eine der wichtigsten Eigenschaften von bürgerschaftlichem Engagement kann die Hervorbringung von Sozialem Kapital beschrieben werden. Im Sinne von BORDIEU ist hier ein individuelles Potential vorzufinden, welches dazu führen kann, dass soziale Kontakte in ökonomisches Kapital überführt werden können. Soziales Kapital ist somit die mehr oder weniger institutionalisierte Beziehung des Kennens und Anerkennens. (vgl. BORDIEU in: DEUTSCHER BUNDESTAG, 2002, S. 78). So entwickeln sich hierdurch Ressourcen, die für gesellschaftliches Leben unterschiedliche Auswirkungen hervorbringen können. "Als privates Gut kann auf der privaten Seite dieses von den Individuen für das persönliche Fortkommen genutzt werden und auf der öffentlichen Seite externe Effekte hervorbringen, die allen Individuen und Gruppen zugänglich sind." (DEUTSCHER BUNDESTAG, 2002, S. 77f)) Für das Bürgerschaftliche Engagement bedeutet dies, dass Soziales Kapital in modernen Gesellschaften ganz besonders aus dem Sich-Sorgen um Fremde erwachsen kann. Die Gestaltung kann in professioneller Weise als soziale Arbeit erfolgen, aber auch informell oder Teil familialer Strukturen sein. (vgl. DEUTSCHER BUNDESTAG, 2002, S. 78) Es wird aber auch deutlich, dass durch politische

Einflußnahme und gesellschaftliche Veränderungen die Faktoren der internen und externen Bedeutsamkeiten unterschiedliche Gewichtungen bekommen können. Diese Veränderungen machen sich auch im Bereich des Engagements im Altenhilfesektor bemerkbar. So war dieses historisch gesehen gekennzeichnet durch die kirchlichen Institutionen und die Arbeit in den freien Wohlfahrtsverbänden, beispielsweise in Besuchsdiensten, durch Angebote im Freizeit- und Bildungsbereich oder durch Dienstleistungen der Gemeindeschwestern. Der traditionelle „Pflegemix"[1] von früher war durch folgende Merkmale gekennzeichnet:

- Vorrang des Elements Familie
- Residuale Rolle des Staates
- Wenig Attraktivität für kommerzielle Anbieter
- Integration in staatlichen Organisationen, wie den Kommunen, Städten und Kreisen (vgl. EVERS in: HUTH,2002, S. 87)

Die Familie als Ort der Pflege und Versorgung ihrer älteren Menschen galt und gilt auch heute noch als unabdingbar. So werden zurzeit noch 70% der Pflegebedürftigen zu Hause gepflegt, die Hauptpflegepersonen sind weiblich. Doch der Mythos der Familie, um es mit Thomas KLIE zu sagen, ist zwar sehr beruhigend, aber mit Sicherheit nicht mehr lange aufrechtzuerhalten. (vgl. KLIE/BLAUMEISER in: BUHL, 2002, S.133) Neueste Ergebnisse hierzu liefert eine Studie aus Kassel, in der 1500 Kasseler Bürger zu ihrer Bereitschaft zukünftig Pflegetätigkeiten bei bedürftigen Angehörigen zu übernehmen, befragt wurden. Nur noch 30% der Befragten wären hiernach im Falle eine Pflege bereit eine Betreuung zu übernehmen. Überlastungsängste und Unvereinbarkeiten mit dem Beruf wurden als wichtigste Gründe genannt. (vgl. hierzu KLIE in: HÄUSLICHE PFLEGE, 4/2002, S. 18f) Desweiteren haben Individualisierungs- und Enttraditonalisierungstendenzen sowie eine zunehmende Singularisierung der Gesellschaft ihre Auswirkungen und

[1] Der Begriff des „Pflegemix" läßt sich beschreiben in einem Zusammenspiel von informeller und formeller Hilfe unter Mitwirkung marktwirtschaftlticher Dienstleistungen. Detaillierte Erläuterungen hierzu bei: KLIE/BLAUMEISER in: BUHL, 2002, S.133

müssen langfristig zu Veränderungen führen.[2] Arbeitsmarktpolitische Problemlagen führen ebenfalls zu Konsequenzen für die familiale Pflege. Ein Mangel an Arbeitsplätzen, steigende Arbeitslosenzahlen sowie auch prekäre Arbeitsverhältnisse in Minijobs und Teilzeitarbeit machen für den Einzelnen ein Mehr an Flexibilität notwendig. Frauen als Hauptpflegepersonen entfallen immer mehr.

Mit der Umsetzung des Pflegeversicherungsgesetzes im Jahre 1995, welches im XI. Sozialgesetzbuch verankert ist, sollte die Rolle der Familie und der nachbarschaftlichen Hilfe per Gesetz gestärkt werden. Der Slogan "ambulant vor stationär" wurde zum Aushängeschild für die Pflegeversicherung. Schon aus diesem Grund erfuhr das neue Gesetz eine hohe Akzeptanz bei Pflegebedürftigen und ihren Angehörigen. Schnell wurde aber deutlich, dass die Leistungen des PvG nur eine Grundsicherung darstellen. Medizinnahe Leistungen wurden durch die professionellen Dienste erbracht, für zusätzliche Verrichtungen im psychosozialen Bereich[3] fehlten die finanziellen Mittel. Der Staat und die Kommunen, die bisher durch das BSHG gesetzlich beauftragt tätig gewesen waren, entzogen sich oftmals ihrer Rolle als Ko-Finanzierer, mit dem Hinweis der "Alleinverantwortlichkeit" des PvG. Die Umsetzung der Forderung nach einem stärkeren Einbezug von Familie, nachbarschaftlicher Hilfe und der Selbsthilfe mißlang in vielen Fällen. So ist es doch recht bezeichnend, dass auf Aufgaben zur Unterstützung der Familie und des Ehrenamtes nur 2% der Pflegeausgaben entfallen. (vgl. DEUTSCHER BUNDESTAG, 2002, S. 524)

Dennoch besteht die Notwendigkeit, eine "neue Kultur des Helfens" weiter zu entwickeln. Dies wird deutlich, wenn man sich die Zahlen der demografischen Entwicklung ansieht, welche verbunden ist mit einem Anstieg der Hochaltrigkeit und einem Zuwachs altersbedingter

---

[2] Ausführungen zu diesen Begrifflichkeiten im Zusammenhang mit ehrenamtlichen Engagement finden sich explizit bei RAUSCHENBACH in: DEUTSCHER JUGENDRING, 1998, S. 19ff

[3] Zu den psychosozialen Leistungen, wie sie im folgenden Kontext verstanden werden, gehören alltagsnahe Aktivitäten wie z. B. das Spazierengehen, Gespräche führen und Vorlesen. Hierunter sollen nicht verstanden werden therapeutische Maßnahmen, die vorrangig durch professionelle Kräfte erbracht werden.

Krankheiten. Die Lücke des Bedarfs an Hilfen wird weiter anwachsen und kaum mit rein Professioneller oder in Kombination mit familialer Hilfe abzudecken sein.

- Es ist mit einer wachsenden Zahl von Menschen zu rechnen, die in Verbindung mit Pflegebedürftigkeit von sozialen Problemen, wie zum Beispiel Vereinsamung und fehlender Unterstützung im Haushalt betroffen sind.
- Langfristige Pflegearrangements, die eine intensive zeitliche Betreuung erfordern, wie z. B. bei Demenzkranken, werden zunehmen.
- Zur Entlastung und zum Erhalt familialer Hilfepotentiale wird es zusätzlicher Unterstützungsangebote bedürfen („Hilfen für Helfende").

(vgl. EVERS in: HUTH, 2002, S.93f)

Aus dem vorhergesagten ergibt sich ein neues Leitbild für den „Welfare-Mix"[4] nach EVERS, der sich über vier Ziele definieren lässt:

- Bürgergesellschaftliche Aktivität und eine Aufwertung familialer Beiträge in der Pflege und Hilfe
- Die Einbeziehung von Marktelementen mit innovativen Dimensionen, in der die individuelle Eigenverantwortung Beachtung findet
- Die Implementation von Einrichtungen, in denen neben Professionalität, staatlicher Verantwortung und Marktelementen auch bürgerliche Beiträge akzeptiert werden
- Eine Umorientierung sozialer Sicherungsregeln zur Entwicklung einer aktivierenden Sozialpolitik

(vgl. EVERS in: HUTH, 2002, S. 95)

Als positive Aspekte können durch den Einbezug von bürgerschaftlich Engagierten folgende Punkte genannt werden: Stärkung der Bürgergesellschaft, Übernahme von mehr Eigenverantwortung, Bewusstwerdung des eigenen Älterwerdens und damit verbundener

[4] Eine Definition des Begriffes wird explizit bei Evers vorgenommen. (Vgl. hierzu EVERS in HUTH: 2002, S.85f)

Selbstsorge, Stärkung der Gemeinschaftsfähigkeit und solidarischem Handeln. (vgl. EVERS in: HUTH, 2002, S. 99)

Nicht außer acht gelassen werden darf aber, dass die staatliche Aufforderung zu bürgerschaftlichem Engagement auch in der Altenpflege und -hilfe gesundheits- und sozialökonomisch begründet ist. Die Pflegeversicherung, als so genannte Teilkaskoversicherung mit ihrer medizinisch-somatischen Leistungsausrichtung kann den menschlichen Bedürfnissen nach einer ganzheitlichen und lebensweltlich, alltagsnahen Unterstützung nicht nachkommen. Dennoch wird aus den sich eben entwickelnden Professionen der Pflegewissenschaften und der Gerontologie zur Rekrutierung von Ehrenamtlichen im Bereich der Altenpflege Kritik geäußert. Es wird befürchtet, dass Professionalisierungsbestreben, die zur Zeit noch meist in den Kinderschuhen stecken, durch die verstärkte Einbeziehung von LaienhelferInnen und Ehrenamtlichen schnell wieder zunichte gemacht werden könnten. (vgl. EVERS in: HUTH, 2002, S.94) Dieser Punkt kann im Zusammenhang der vorliegenden Arbeit sicher nicht weiter verfolgt werden. Dennoch sollten Fragestellungen und Diskussionen darüber nicht außer acht gelassen werden.

Oftmals ergeben sich gerade an dieser Stelle Probleme an den Schnittstellen von professioneller und durch Laienhilfe erbrachter Pflegearbeit, die sich leicht durch vorher gesagtes erklären lassen. Die Aussage einer Altenpflegekraft: „Wir machen hier die Dreckarbeit, und die (*Anm.: Laienhelfer)* erledigen nur die schönen Aufgaben", kann entsprechend Zustimmung finden. Themen wie Lebensraum- und Beziehungsgestaltung, Biografiearbeit und Tagesgestaltung stellen auch in Ausbildungscurricula von AltenpflegerInnen eine wichtige inhaltliche Komponente dar. (vgl. DEUTSCHER VEREIN, 1994, S. 141) Probleme in den Schnittstellen von Professionellen zu LaienhelferInnen stellen sich häufig wie folgt dar:

- Mangelhafte Formulierung von Rollen, Aufgaben und Anforderungen an Freiwillige und Hauptamtliche

- Unzureichende Wege und Formen der Anerkennung bzw. Wertschätzung von ehrenamtlichen Engagement
- Mangelnde Partnerschaftlichkeit zwischen den Freiwilligen und Hauptamtlichen (vgl. ROBERT-BOSCH-STIFTUNG, 2000 b, S. 33)

Wie kann sich nun trotz vorher genannter Bedenken und Zweifel im Bereich der Altenpflege und –hilfe eine „Neue Kultur des Helfens", die eine professionelle und ehrenamtliche Profilbildung impliziert, entwickeln? Thesen, die hierfür nützlich sein können, finden wir bei EVERS:

- „(...)Neben dem Engagement als Beitrag zur Verbesserung finanzieller Grundlagen der Pflege und als soziales Engagement hat in diesem Bereich bürgerschaftliches Engagement vor allem als Anwaltschaft und aktiv gelebte Zivilcourage eine besondere Bedeutung,(...),
- Wenn man nicht nur Pflege-, sondern auch Lebensqualität realisieren will, dann geht es, (...), grundsätzlich um die innere und äußere Öffnung der Institutionen... Erst diese Öffnung schafft auch die Möglichkeit, Ressourcen des Engagements wahrzunehmen, pflegen und einbeziehen zu können." (EVERS in: HUTH, 2002, S. 96)

Dies bedeutet in der konkreten Umsetzung, dass informelle Netzwerke erweitert um die Potentiale bürgerschaftlich Engagierter einen Beitrag leisten in der Übernahme von Verantwortung für Hilfebedürftige. Hierfür ist aber auch im hohem Maße die Bereitschaft von Institutionen nötig eine Öffnung nach außen für diese engagierten Menschen zuzulassen. Nach KLIE/BLAUMEISER lassen sich diese Thesen erweitern für die Herstellung einer Neuen Pflegekultur durch die Schaffung von niedrigschwelligen Angeboten[5], unter Einbeziehung von ehrenamtlichen Kräften in der Altenpflege. Die Hemmschwellen vieler Pflegebedürftiger und ihrer Angehöriger, berufliche Pflegearrangements in die lebensweltlich geprägte familiale Pflege hineinzulassen können hiermit gesenkt werden. (vgl. KLIE/BLAUMEISER in: BUHL, 2002, S. 135)

[5] Unter „Niedrigschwellige Angebote" wird in diesem Kontext eine Hilfe verstanden von Menschen, die dem alltags- und lebensnahem Umfeld der Betroffenen angehören und eine eher zugehende Unterstützung anbieten. Dazu gehören z. B. Familienentlastende Dienste im Bereich der Lebenshilfe und auch in der Dementenbetreuung.

Niederschwellige Angebote sind oftmals für Betroffene und Angehörige der erste Schritt, sich für eine Hilfe von aussen zu öffnen und allein schon aus diesem Grund als positiv zu bewerten. Die Akzeptanz in der Annahme dieser Angebote ist bei den Beteiligten sehr hoch und sollte weitere Unterstützung verdienen. Zukünftige Hilfemixturen liegen nach pflegewissenschaftlichen und sozialpolitisch- wissenschaftlichen Erkenntnissen in den vier Feldern der Wohlfahrtsproduktion: „Informeller Sektor (Familie und Freundschaft), Markt (marktfähige Dienstleistungen), Staat (staatlich garantierte Leistungen und Infrastruktur) sowie der Tertiäre Sektor (bürgerschaftliche und ehrenamtliche Arbeit, graue Märkte)". (KLIE/BLAUMEISER in: BUHL, 2002, S. 148)

Für die Erfüllung dieser Aufgaben braucht es Menschen, die sich darauf einlassen können in neuen Projekten und mit Hilfe innovativer Ideen für die Verbesserung der Lebensqualität älterer und pflegebedürftiger Menschen zu sorgen.

Das könnten Menschen sein

- in Institutionen, die bereit sind, sich zu öffnen und sich der Bedeutung des tertiären Sektors bewusst sind
- als MitarbeiterInnen, die bereit sind, partnerschaftliche Verantwortung für die Qualität der Pflege zu übernehmen, auch wenn sie von Nicht-Profis erbracht wird
- in politischen Instanzen und als Kostenträger, die bürgerschaftlich Engagierten und Freiwilligen eine Beteiligung trotz aller Bedenken (z. B. im Bereich der Hygiene) ermöglichen
- als bürgerschaftlich Interessierte, die sich mit ihren vielfältigen Erfahrungen in Pflegeaufgaben einbringen und dafür Sorge tragen, dass diese heute und in der Zukunft menschenwürdig wahrgenommen werden.

(vgl. KLIE/BLAUMEISER in: BUHL, 2002, S. 151)

An dieser Stelle stellt sich die Frage, wie diese Öffnung gelingen kann? Welche Formen gibt es bereits, die zu einer Öffnung in neuen Pflegekulturen bereit sind? Wie kann eine Stärkung des Welfare-Mix aus Familie, bürgerschaftlich Engagierten und staatlichen Institutionen gelingen? Antworten hierauf wird die begleitende Untersuchung geben können und die Ergebnisse hierzu sind in den Kapiteln Sieben und Acht nachzulesen.

1.1 Begriffliche Eingrenzung

Um das Bürgerschaftliche Engagement ranken sich viele Begriffe und Bedeutungen, wie zum Beispiel "altes" und "neues" Ehrenamt, "freiwilliges Engagement" und die Begriffe der "Selbsthilfe" und "Bürgerarbeit". Will man nun die Bezeichnung des Bürgerschaftlichen Engagements als Oberbegriff verwenden, so lässt sich dieser nach Meinung der Enquete-Kommission wie folgt definieren:

> „Bürgerschaftliches Engagement ist eine **freiwillige, nicht auf das Erzielen eines persönlichen materiellen Gewinns gerichtete, auf das Gemeinwohl hin orientierte, kooperative Tätigkeit**.,(...), Selbstorganisation, Selbstermächtigung und Bürgerrechte sind die Fundamente einer Teilhabe und Mitgestaltung der Bürgerinnen und Bürger an Entscheidungsprozessen. Bürgerschaftliches Engagement schafft Sozialkapital, trägt damit zur Verbesserung der gesellschaftlichen Wohlfahrt bei und entwickelt sich, (...), als offener gesellschaftlicher Lernprozess. In dieser Qualität liegt ein Eigensinn, der über den Beitrag zum Zusammenhalt von Gesellschaft und politischem Gemeinwesen hinausgeht." (DEUTSCHER BUNDESTAG, 2002, S. 90)

Im Kontext dieser Arbeit wird von der "Laienhilfe" gesprochen in Abgrenzung zur professionellen Kraft. Nach dem DUDEN wird als „Laie“ der Nichtfachmann bezeichnet. Das Wort wurde dem Kirchenlateinischen entlehnt und bedeutet hier „zum Volk gehörig“. (vgl. DUDEN, 1963, S. 384) Nach MÜLLER-KOHLENBERG hingegen nimmt der Laie eine paraprofessionelle Haltung ein, das bedeutet, dieser erhält vor Beginn seiner Tätigkeit eine kurze, direkt auf das Tätigkeitsfeld bezogene Einführung oder Vorbereitung. In diesem Zusammenhang wird auch von der Laienkompetenz gesprochen, welche in Abgrenzung zum professionellen Wissen von Alltagshandeln bestimmt ist, aber dennoch eine hohe Wirksamkeit zeigen kann. (vgl. MÜLLER-KOHLENBERG, 1996, S. 48) Deutlich wird, dass keine starren Begriffserklärungen vorliegen. Theoretische Versuche hierzu werden in der Praxis in den unterschiedlichsten Einsatzgebieten und Verwendungszusammenhängen verwandt. Dennoch kann man sagen, dass sich auch hier sich in der Regel ein freiwilliges Engagement von Menschen verbirgt, die dieses aus einer eigenen Entscheidung heraus gewählt haben. Sich freiwillig zu engagieren bedeutet oftmals auch, dies aus "einer Not" heraus zu tun. Darunter kann in diesem Zusammenhang konkret verstanden werden, dass Menschen ihre eigenen Erfahrungen mit gesellschaftlichen Problemen in Selbsthilfegruppen einbringen und ihre Ressourcen an andere Betroffene weitergeben. Als ein gutes Beispiel können hier die Angehörigengruppen der Alzheimer Gesellschaft genannt werden. Das heißt, freiwilliges Engagement antwortet auf individuelle und gesellschaftliche Problemsituationen. Hinter einer Laientätigkeit verbirgt sich oft eine nicht bezahlte Arbeit, aber auch in Fällen, in denen es eine Aufwandsentschädigung für die HelferInnen gibt, bedeutet dies nicht, dass es sich hier nicht um eine freiwillige Tätigkeit handeln würde. Diese Aufwandsentschädigungen stellen keine Entlohnung dar, da sie weit unterhalb der Grenzen des Verdienstes der professionellen MitarbeiterInnen liegen und lediglich einen Anreiz schaffen sollen für das Engagement in dem speziellen Bereich.

1.2 Laienhilfe und Dementenbetreuung

Der Einsatz von LaienhelferInnen in der Betreuung von Demenzerkrankten ist noch relativ neu. In wissenschaftlichen Untersuchungen und Nachweisen finden sich zum derzeitigen Zeitpunkt noch wenig verwendbare Auswertungen. Erste Erfahrungen mit dem Einsatz von LaienhelferInnen in der Dementenbetreuung gibt es aus Modellprojekten, wie z. B. dem Programm von BETA (Bürgerschaftliches Engagement und Tagespflege). (vgl. KLIE/BLAUMEISER in: BUHL, 2002, S. 149f) Modelle zur Entlastung von Angehörigen Demenzkranker in der häuslichen Umgebung gibt es z. B. in Münster, Nürnberg und Daaden-Herdorf.[6] Durch den Druck der pflegenden Angehörigen, die ihren stärksten Lobbypartner in der Deutschen Alzheimer Gesellschaft haben, konnten diese Modellprojekte umgesetzt werden und erste Erfahrungen in diesem Bereich gemacht werden.

[6] Konzepte und erste Erfahrungen aus diesen Modellen werden im II. Teil vorgestellt und detaillierter erläutert.

Nach Meinung von Experten, die an einer Fachtagung zum Thema „Vernetzung von Fach- und Laienpflege“ in Bonn teilnahmen, ist der Einsatz von LaienhelferInnen in der Dementenbetreuung in praktisch allen Versorgungsstrukturen denkbar und möglich, wenn sie hier entsprechend vorbereitet, begleitet und qualifiziert werden. Eine Festlegung von Qualitätsstandards mit einer klaren Aufgabenbegrenzung für Ehrenamtliche gehört hier genauso dazu, wie die Entwicklung von Strategien zur Gewinnung von Freiwilligen nötig ist. Das Angebot der freiwilligen HelferInnen, zumeist Frauen, ist zu wenig bekannt. Ebenso sollten die Erfahrungen und Ressourcen pflegender Angehöriger nutzbar gemacht werden. (vgl. HÄUSLICHE PFLEGE 9/2002, S. 38) Dabei geht es, nach einer Aussage von Rudolf HERWECK vom BMFSFJ „bei der Mobilisierung zusätzlicher Betreuungskräfte nicht darum, billige Arbeitskräfte zu rekrutieren, sondern vielmehr größere Lebenschancen für Menschen mit Demenzen und deren Angehörige zu erschließen.“ (HERWECK in: HÄUSLICHE PFLEGE 9/2002, S. 39)

An dieser Stelle soll nun darüber nachgedacht werden, wer sich im Bereich der Betreuung von Demenzkranken zur Entlastung pflegender Angehöriger engagiert. So ist zuerst einmal die Feststellung zu treffen, dass im Umgang mit den Bedingungen des ehrenamtlichen Engagements ein Wandel stattgefunden hat. So sind die Motive der heutigen ehrenamtlich Tätigen nicht nur in rein altruistischen Gründen zu dokumentieren. Ehrenamtliche von heute wollen auch von dieser Betätigung profitieren, das heißt sie verbinden hiermit ein Weiterkommen in persönlicher Hinsicht, nutzen das Engagement aber auch oft für die berufliche Weiterentwicklung. Weiterhin kann festgestellt werden, dass gerade jüngere Menschen sich nicht mehr in einem längerfristigen Engagement verpflichten wollen; sie wollen sich nicht zeitlich festlegen, wollen verschiedene Bereiche des Engagements kennen lernen. Bürgerschaftlich Engagierte von heute wollen sich zudem nicht durch Vorgaben der Institutionen und Einrichtungen die Form ihres Helfens vorschreiben lassen. Vielmehr sind sie daran interessiert, ihre eigenen Erfahrungen und Bedürfnisse hinsichtlich ihres Engagements in die Institutionen mit hineinzutragen. Auf diese starken Ressourcen der, doch im großen Umfang vorhandenen Interessierten am freiwilligen Engagement, wird in dieser Arbeit an verschiedenen Punkten noch vertieft eingegangen werden.

Dieser Wandel macht neue Formen des Einsatzes und des Umgehens mit den Ehrenamtlichen nötig, zum Beispiel in der Kultur der Anerkennung von bürgerschaftlichem Engagement. Hierzu gehören neben materiellen und immateriellen Gratifikationen, der Wertschätzung der Ehrenamtlichen in den Einrichtungen, der Partizipation an Dienstleistungsprozessen auch die Möglichkeit sich persönlich und fachlich fortzubilden. Der Bereich der Qualifizierung erhält in der Ehrenamtsdiskussion einen immer höheren Stellenwert. (vgl. hierzu: BARTJES/OTTO in: OTTO/MÜLLER u.a., 2000, S. 69f)

Nachfolgend werden Ausführungen zur Durchführung einer gelingenden Ehrenamtskultur für den praktischen Teil der Arbeit wissenswerte Erkenntnisse bringen.

1.3 Exkurs: Ehrenamtspflege

Wie bereits im Ansatz erläutert wurde, hat die Bereitschaft zum Ehrenamt nicht nachgelassen; allerdings haben sich ihre Formen, Strukturen, Motive und Herangehensweisen im Zuge allgemeiner Modernisierungsprozesse verändert. Von seiten der Institutionen, die für ihre Aufgaben bereits ehrenamtlich Tätige einbeziehen oder dies zukünftig verstärkt tun wollen, ist es notwendig, sich diesen veränderten Sachlagen zu stellen. An dieser Stelle erfolgt deshalb ein Exkurs zur Thematik der "Ehrenamtspflege". Die Vorgehensweise erfolgt in chronologischer Reihenfolge der Arbeitsabläufe mit ehrenamtlich Tätigen und beinhaltet folgende Schlüsselaufgaben:

a. Einbeziehen Hauptberuflicher
b. Einstellung ehrenamtlich Tätiger
c. Vorbereitung und Einarbeitung der ehrenamtlich Tätigen

d. Praktische ehrenamtliche Arbeit
e. Beendigung der ehrenamtlichen Tätigkeit
(vgl. BMFSFJ, 1997, S. 121 und BARTJES/OTTO, 2000, S. 53)

a. Innerhalb von Institutionen und Einrichtungen müssen von Hauptamtlichen günstige Bedingungen für die Ehrenamtlichen geschaffen werden, um überhaupt eine erfolgreiche Ehrenamtspflege betreiben zu können. Eine befürwortende und anerkennende Haltung gegenüber den freiwillig Tätigen ist eine Grundvoraussetzung für eine gelingende Ehrenamtskultur. In Ausbildungsgängen professioneller Kräfte, die vorrangig mit Ehrenamtlichen zu tun haben, wie z. B. SozialarbeiterInnen, SozialpädagogInnen aber auch Verwaltungsfachkräften aus dem sozialen Bereich, wird wenig auf wissenschaftliche Erkenntnisse zum Ehrenamt eingegangen. Von Seite der ehrenamtlich Engagierten wird zunehmend die spezifische Qualifizierung von Professionellen gefordert: Probleme sind vor allem fehlende zeitliche, finanzielle und personelle Ressourcen in Institutionen, mangelnde Kooperationsbereitschaft auf Seiten der Professionellen und die dominierende Perspektive einer einfach, schlichten Rekrutierung von Ehrenamtlichen für Aufgaben aller Art. Deshalb ist es für professionelle Kräfte bedeutsam zu erkennen, dass Wissensformen des Alltags und die des wissenschaftlichen Wissens je ihre eigenen Kompetenzen, Möglichkeiten und Grenzen haben. In Leitbildern und Konzeptionen sind differenzierte Vorstellungen im Sinne einer sinnvollen Welfare-Mix Konstellation zu entwickeln. Um die unterschiedlichen Rollen von ehrenamtlich Engagierten und Professionellen verstehen zu können, braucht es genügend Raum und Zeit. Deshalb benötigen Hauptamtliche Reflexionsangebote und Hilfestellungen, um mit Hemmnissen und aufkommenden Konkurrenzgedanken umgehen zu können. (vgl. BARTJES/OTTO, 2000, S. 56f)

b. Bevor es zu Einstellungen neuer ehrenamtlicher Kräfte kommen kann, ist es erforderlich, sich von seiten der anbietenden Einrichtung einen Überblick über die Zugangswege zu Ehrenamtlichen zu verschaffen. Hierzu gehört auch das entsprechende Wissen über Motivationsstrukturen im Zuge des "Strukturwandels des Ehrenamtes". Gefragt sind hier Formen, die eine Anbindung zu eigenen biografischen Bezügen zulassen, die an Identifikationsmöglichkeiten anknüpfen und soziale Phantasie entstehen lassen. (vgl. BARTJES/OTTO, 2000, S.59-61) Die Forderung nach einer Partizipation von Freiwilligen darf nicht nur „Alibi-Funktionen" aufweisen, vielmehr sollten Kompetenzen ernst genommen und Ideen der Freiwilligen aufgegriffen werden. Einstellungsgespräche mit Ehrenamtlichen unterscheiden sich dahingehend von Vorstellungsgeprächen aus der Arbeitswelt, dass hier nicht viele Interessenten um eine Stelle konkurrieren, sondern sich der Ehrenamtliche seine Tätigkeit unter vielen Angeboten aussuchen kann. Hierauf sollte in vorbereitenden Gesprächen eingegangen werden, indem den zukünftigen ehrenamtlich Tätigen ein möglichst praxisbezogenes Bild der Einrichtung dargelegt wird. Es bietet sich an, dass bereits ehrenamtlich Aktive in die Erstgespräche mit einbezogen werden. Dafür spricht, dass die Perspektive, aus der die aktiven Ehrenamtlichen die Einsatzbedingungen darlegen, der Perspektive ähnlicher ist als die der Organisatoren ehrenamtlicher Arbeit. Zudem kann es, wenn dieser Teil von Ehrenamtlichen übernommen wird, zu einer zeitlichen Entlastung der hauptamtlichen Organisatoren in sozialen Einrichtungen kommen. (vgl. BMFSFJ, 1997 , S. 123)

c. Hat der „neue Ehrenamtliche" den Entschluß gefasst, sich in der Einrichtung zu engagieren, muss er sinnvoll auf seine Tätigkeit als Ehrenamtlicher vorbereitet und eingearbeitet werden. Hier steht das Abstecken und Abgrenzen von Tätigkeitsfeldern und –merkmalen an erster Stelle. Von besonderer Bedeutung in diesem Zusammenhang ist eine klare Abgrenzung zur Schnittstelle zwischen haupt- und ehrenamtlicher Tätigkeit. Diese Klärung trägt zur Transparenz und Verbindlichkeit beider beteiligten Parteien bei. Sinnvoll können hierfür schriftliche Vereinbarungen sein, die eventuell auch die Leitbilder und –ziele der Einrichtung enthalten. Auch über die Einführung einer „Probezeit" ist nachzudenken. Wenn diese mit einem Gespräch zwischen dem Organisator des Ehrenamtlichen und dem Freiwilligen abschließt, kann mit einem gut gelingenden Engagement gerechnet werden. (vgl. BMFSFJ, 1997, S. 124) Auch für die Zeit der Einarbeitung bietet es sich an, bereits aktive Ehrenamtliche mit einzubeziehen. So könnte denkbarerweise ein „Tutor" den neuen „MitarbeiterInnen" an die Seite gestellt werden, um diesen zu helfen, sich in dem Tätigkeitsfeld zu orientieren. (vgl. BMFSFJ, 1997, S. 126f) Auf den Bereich der Basisqualifizierung soll an dieser Stelle nicht weiter eingegangen werden, da dies im folgenden Kapitel ausführlichst dargestellt wird.

d. Für die praktische ehrenamtliche Tätigkeit sind formale Voraussetzungen, wie z. B. die Klärung des Versicherungsschutzes zu schaffen. Ehrenamtliche müssen sich sowohl gegenüber Hauptamtlichen als auch gegenüber betreuten Personen und anderen Menschen, denen sie im Rahmen ihrer Tätigkeit begegnen, identifizieren können. So kann es z. B. Sinn machen Ausweise auszustellen, die dem Ehrenamtlichen eine Legitimation gegenüber anderen Personen geben. (vgl. BMFSFJ, 1997, S. 128) Praktische ehrenamtliche Tätigkeiten sollten zwingend durch Hauptamtliche oder feste Ansprechpartner begleitet werden, da diese nicht als Selbstläufer funktionieren. Hier ist professionelle Kompetenz bezüglich der Inhalte aber auch der Settings gefordert. Es gilt die richtige Balance zu finden zwischen Wissensvermittlung, Reflexionshilfen und Kontaktmöglichkeiten für die freiwillig Tätigen. Prozesse der Selbsterfahrung und Persönlichkeitsentwicklung werden hierdurch unterstützt. (vgl. BARTJES/OTTO, 2000, S.67) Es liegt nahe kooperative Dienst- und Teambesprechungen anzubieten, um einen Informationsfluß zwischen Haupt- und Ehrenamtlichen zu gewährleisten und die Beteiligung der Ehrenamtlichen an Entscheidungsprozessen zu ermöglichen. Ebenso kann das Vorhalten von gemeinsamen Fort- und Weiterbildungen eine gute Möglichkeit darstellen, Kontakte zwischen Professionellen und Ehrenamtlichen herzustellen und dabei Fähigkeiten, Stärken und Schwächen der jeweils anderen Partei anzuerkennen. (vgl. BMFSFJ, 1997, S. 132). Zur Anerkennung von Ehrenamtlichen gibt es unterschiedliche Gestaltungsformen, die sich entlang folgender Bedürfnislagen bilden: Materielle Bedürfnisse in Form von Geld- oder Sachleistungen, Anerkennungsbedürfnisse, Kontakt- und Kommunikationsbedürfnisse und der Wunsch nach Selbstthematisierung. Im Bereich der materiellen Gratifikation ist der Hinweis wichtig, dass es hier, um den Status der Ehrenamtlichkeit zu wahren, nicht um eine Form von Vergütung gehen soll. Dennoch sollten ehrenamtlich Tätige ihre Auslagen ersetzt bekommen, sodass ihnen durch ihr freiwilliges Engagement nicht noch finanzielle Aufwendungen entstehen. Aber auch immaterielle Leistungen können der Anerkennung dienlich sein. Neben dem Bereich der Fort- und Weiterbildungen können auch Vergünstigungen für den öffentlichen Nahverkehr oder Versicherungen, die sich auch auf private Risiken des Ehrenamtlichen erstrecken, eine große Rolle spielen. Das Bedürfnis nach Anerkennung und nach Kontakt und Kommunikation stellt für viele Freiwillige ein hohes Motivationspotential dar. Es gilt, dieses beispielsweise in Form von gemeinsamen Ausflügen und Einladungen zu geselligem Beisammensein zu befrieden. (vgl. BMFSFJ, 1997, S. 135ff)

e. Auch die Beendigung von ehrenamtlicher Tätigkeit sollte eine der Schlüsselaufgaben von gut gelingender Ehrenamtskultur darstellen. Wie auch in professionellen Arbeitsverhältnissen muss es möglich sein, dass „Arbeitsbeziehungen" von beiden Seiten gelöst werden können. Zur aktiven und bewußten Gestaltung des Abschieds bietet es sich an, Auswertungsgespräche mit dem Ehrenamtlichen zu führen. Hierin kann Art und Umfang des Engagements gewürdigt werden, es kann aber auch dazu genutzt werden, dem Ehrenamtlichen neue Perspektiven und Möglichkeiten für andere Engagementformen aufzuzeigen. Keinesfalls sollten diese Gespräche dazu genutzt werden, den Ehrenamtlichen davon überzeugen zu wollen, seine Tätigkeit wieder aufzunehmen. Dienstleistern und Einrichtungen, die mit Ehrenamtlichen zusammenarbeiten, können diese Gespräche als Reflexionshilfe für eine verbesserte Organisation der Einsätze von Freiwilligen dienen.

1.4 Qualifizierung im Laienhilfebereich

Die Möglichkeit sich zu qualifizieren ist ein wichtiger Baustein in der Anerkennungskultur von Ehrenamtlichen und stellt gerade im sozialen Bereich einen hohen Motivationsgrad für die Aufnahme und Teilnahme dar. Es gilt zu bedenken, dass das Ehrenamt immer mehr Einzug hält in Aufgabengebiete, die ein hohes Maß von Verantwortung, sozialer Kompetenz und einen Grundstock an fachlicher Kenntnis verlangen. Erste Beispiele hierzu finden sich bereits seit einigen Jahren in der Selbsthilfebewegung der Aids-Hilfe oder der Hospizbewegung.[7]

Qualifizierung und Qualifikationen sind in der Ehrenamtsdebatte noch unterentwickelte Bereiche. Rechtliche Absicherungen gibt es hier bis jetzt so gut wie keine. Es finden sich lediglich im Kinder- und Jugendhilfegesetz Ansprüche an die Qualifikation von Ehrenamtlichen. Relativ neu ist mit der Einführung des PvG auch die Forderung nach Qualität und Qualifizierung von informellen HelferInnen in der Pflege und Betreuung älterer Menschen.[8] Mit in Kraft Treten des Pflegeleistungsergänzungsgesetzes (PflEG) und den damit verbundenen gesetzlichen Vorgaben der §§ 45 b und c wurde

---

[7] Hilfreich zur Vertiefung des Themas sind hier, die in der Literaturliste genannten Bücher der AIDS Hilfe: „Krankheits- und Sterbebegleitung“ und von Uljana DAHMS: „Ehrenamtliche Arbeit in Hospizen“

[8] So heißt es im § 8 (2) SGB XI: "Die Länder, die Kommunen, die Pflegeeinrichtungen und die Pflegekassen,(...), unterstützen und fördern darüber hinaus die Bereitschaft zu einer humanen Pflege und Betreuung durch hauptberufliche und ehrenamtliche Pflegekräfte sowie durch Angehörige, Nachbarn und Selbsthilfegruppen und wirken so auf eine neue Kultur des Helfens und der mitmenschlichen Zuwendung hin.“

allerdings ein Meilenstein in der Geschichte der Qualifikation von Ehrenamtlichen in der Betreuung Pflegebedürftiger, und hier im speziellen der Menschen mit eingeschränkten Alltagskompetenzen, beschritten. Hier werden Möglichkeiten geschaffen für Institutionen neue innovative Konzepte zu entwickeln und es gibt Angehörigen und Betroffenen eine Chance zur Stärkung ihrer Selbsthilfekräfte. Auf Ausführungen und Bestimmungen dieser Paragraphen wird in Punkt drei detaillierter eingegangen.

Der Begriff der Qualifizierung im Zusammenhang mit bürgerschaftlichem Engagement wird in unterschiedlichen Bedeutungen und Bezugsebenen verwendet. Es stellt sich die Frage, wer qualifiziert sich, warum und wofür? Die Beantwortung dieser Frage soll anhand der folgenden Punkte kurz dargestellt werden:

- Qualifizierung durch Tätigsein: durch das Tätigsein in verschiedenen Bereichen ist es möglich, soziale und kommunikative Kompetenzen und konkretes fachliches und spezifisches Wissen zu erwerben
- Qualifizierung als Bildungsfaktor: Qualifizierung ermöglicht hierbei die Aneignung neuen Wissens, die Auseinandersetzung mit fremden Lebenswelten, die Erweiterung der eigenen Perspektiven und die Möglichkeit zur eigenen Reflexion
- Qualifizierung als Anreiz für bürgerschaftliches Engagement: die Bereitschaft sich bürgerschaftlich zu engagieren korrespondiert in vielen Fällen mit individuellen Interessen und Vorstellungen der Engagierten
- Qualifizierungsmaßnahmen als Baustein einer Anerkennungskultur: Qualifizierung bietet die Möglichkeit, die Interessenlagen der Engagierten stärker in den Mittelpunkt zu rücken. Sie bietet hiermit auch die Chance auf den Strukturwandel des Ehrenamtes zu reagieren.
- Qualifizierung mit Doppelnutzen: erworbene Fähigkeiten und Kompetenzen ermöglichen den Engagierten auch eine Verwertung des Erlernten im Erwerbsleben. Auf diese Art und Weise können

Brücken zur Arbeitswelt geschaffen werden. (vgl. DEUTSCHER BUNDESTAG, 2002, 280ff)

Auf der inhaltlichen Ebene ist es wichtig zu sehen, dass "die Bildungsteilnehmer ausdrücklich als Ressourcenträger mit individuell gelagerten Kompetenzen aufgefaßt werden." (ROBERT-BOSCH-STIFTUNG, 2000 b, S. 13). In der Praxis bedeutet dies, dass auf die Erfahrungen und somit die alltagsweltlichen Kompetenzen der TeilnehmerInnen von Qualifzierungsmaßnahmen eingegangen wird. Desweiteren sind die Lernwünsche und Interessen der TeilnehmerInnen zu beachten. Gerade im sozialen Bereich spricht man deshalb auch immer mehr von der Partizipation freiwillig Tätiger. (vgl. ROBERT-BOSCH-STIFTUNG, 2000 b, S.13)

Auch für Qualifizierungmaßnahmen Freiwilliger ist es nötig Curricula zu entwickeln und vorzuhalten. Unter dem Begriff „Curricula“ kann folgendes verstanden werden:

- „Ein mit wissenschaftlichen Arbeitsweisen ermitteltes konkretes Lehrprogramm
- mit Hilfen zur Unterrichtsgestaltung und –durchführung und mit Hinweisen auf Lernverfahren, Lernmittel und institutionelle Lernorganisation
- sie geben Lernziele an, durch deren Überprüfung das Curriculum weiter verbessert werden kann
- Curricula bestehen aus einer Präambel mit globalen Bildungszielen und einem ausführlichen Stoffkatalog“ (DEUTSCHER VEREIN, 1994, S. 13f)

Dabei ist zu beachten, dass gerade im Bereich der Erwachsenenbildung keine geschlossenen Curricula bevorzugt angewendet werden sollten, sondern diese sollten flexibel und offen auf die Bedürfnisse und Erfahrungen der TeilnehmerInnen zugeschnitten sein. (vgl. DEUTSCHER VEREIN, 1994, S. 23) Empfehlungen, die deshalb für Curricula zu Qualifizierungsmaßnahmen für Freiwillige getroffen werden, betreffen auf der didaktischen Seite:

- Die Anknüpfung an vorhandene individuelle Erfahrungen
- Einer Erweiterung von Wissen und Können
- Einen Anschluß an individuelle Motivlagen zu Einstellungen
- Unterstützung bei der Aufarbeitung und Thematisierung von emotional belastenden Themen, wie z. B. der Umgang mit Tod und Trauer
- Wertschätzung, sowie die Förderung einfacher Kommunikations- und Kontaktformen
- Arbeitsformen und Arbeitsräume, in denen die Qualifizierung, sowie ein soziales Miteinander aufeinander abgestimmt werden können

(vgl. ROBERT-BOSCH-STIFTUNG,2000 b, S. 41)

Damit wird deutlich, dass es bei der Qualifizierung im Ehrenamt nicht nur um die Erweiterung von Wissensständen geht, sondern auch andere Aspekte, wie die Förderung von Kommunikation und Gemeinschaftssinn, hierbei zum Tragen kommen.

Zum Thema "Qualifizierung" ergeben sich Fragestellungen, die eventuell auch mit Hilfe der vorliegenden Untersuchung beantwortet werden können. Was braucht die Laienhilfe an Qualität? Wie können die gesetzlichen Aufträge erfüllt werden, was ist zukünftig an Änderungen und Verbesserungen nötig? Hierzu gibt es bereits Empfehlungen in den Ausführungen der Enquete-Kommission, die wie folgt beschrieben werden:

- Fort- und Weiterbildungen im bürgerschaftlichen Engagement dürfen keine Qualifizierung zweiter Wahl sein. Daher sollten auch in diesem Feld Instrumente und Verfahren der Qualitätsentwicklung und –sicherung herangezogen werden.
- Qualifizierung benötigt finanzielle Ressourcen, deswegen sollten Maßnahmen hierzu als förderungsfähiges Ziel anerkannt werden.
- Wer sich freiwillig engagiert bringt Kenntnisse, Fähigkeiten und Erfahrungen in das jeweilige Betätigungsfeld mit ein. Ehrenamtliche sind in gewisser Weise bereits qualifiziert; in Fort- und

Weiterbildungsmaßnahmen kann daran angeknüpft werden und damit können auch positive Effekte für die Organisationen erzielt werden.

- Qualifizierungsangebote sollten nicht standardisiert werden, sondern vor allem den Bedürfnissen der Ehrenamtlichen und den Erfordernissen der jeweiligen Arbeitsfelder entsprechen. Wenn Qualifizierungsmaßnahmen auch keinen verpflichtenden Charakter haben sollten, kann in bestimmten Einsatzfeldern, in denen Ehrenamtliche verantwortungsvolle Tätigkeiten übernehmen, eine vorbereitende Schulung dennoch Voraussetzung und Bedingung sein. (vgl. DEUTSCHER BUNDESTAG, 2002, S. 280ff)

Warum es nun für Menschen, die sich freiwillig für Demenzkranke und ihre Angehörigen engagieren wollen, nötig ist, sich vor Aufnahme ihrer Betätigung in diesem Feld einer Qualifizierung zu unterziehen soll im anschließenden Kapitel dargestellt werden.

2. Demenz

Demenzen gehören derzeit zu den folgenreichsten psychiatrischen Krankheiten im Alter. Verbunden hiermit sind enorme Belastungen für die Betroffenen, ihrem sozialem Umfeld und der gesamten Gesellschaft. Auf der einen Seite sind hier die starken psychischen und physischen Überlastungen für Angehörige und Betroffene zu nennen, auf der anderen Seite haben die hohen Krankheitskosten und die damit verbundenen Folgekosten gesamtgesellschaftliche Auswirkungen. (vgl. BMFSFJ, 2002, S. 181) Nachfolgend soll nun die derzeitige Situation, die Symptomatik der Demenz sowie die Belastungen für Betroffene und Angehörigen näher dargelegt werden.

2.1 Situation in Deutschland

Nach einer Studie von BICKEL aus dem Jahre 1999 gibt es zurzeit ca. 900.000 Demenzkranke in Deutschland mit einer mittelschweren bis schweren Demenz. Leichte Demenzkranke sind hier nicht eingeschlossen. Wenn sich in der Prävention und der Therapie der Krankheit nichts Grundlegendes ändert, ist bis zum Jahre 2050 mit einem Anstieg der Erkrankten auf mehr als 2 Millionen Menschen zu rechnen. (vgl. BICKEL in: BMFSFJ, 2002, S. 181). Diese hohe Anzahl von Demenzerkrankungen ist verbunden mit hohen finanziellen Belastungen. HALLAUER et al. ermittelten für das Jahr 2000 Gesamtkosten von 43767 Euro pro Patient, wobei hier 2,5% auf die gesetzliche Krankenkassen entfallen, 29,6% auf die gesetzliche Pflegeversicherung und 67,9% auf die Familie. Es ist bedeutsam, dass die Kosten, die von den Familien getragen werden, nicht in die volkswirtschaftliche Gesamtrechnung mit einfließen. Würde diese familiale Hilfe durch professionelle Hilfe ersetzt werden müssen, was zukünftig zwangsläufig geschehen wird, ist hier mit einem enormen weiteren Anstieg der finanziellen Belastungen zu rechnen. (vgl. BMFSFJ, 2002, S. 181f) Die überwiegende Mehrheit der Demenzkranken wird in Privathaushalten zu 80% von ihren Angehörigen gepflegt. Hauptpflegekräfte sind wiederum zu 80% Frauen, in der Regel Ehefrauen, Töchter und Schwiegertöchter. (vgl. DIRKSEN, 1999, S. 21) Familien nehmen wenig Unterstützung durch ambulante Dienste in Anspruch. Erst bei einem höherem Schweregrad der Erkrankung, wird dieses Angebot genutzt, und es kommt dann aber auch recht rasch zu einer stationären Aufnahme.

Wie bereits dargelegt wurde, kann mit dem Rückgang des Pflegepotentials Familie sich nicht weiterhin auf bestehende Versorgungsstrukturen verlassen werden. Um dem möglichst langen Verbleib der Erkrankten in ihrer Häuslichkeit zu erhalten, findet in der Versorgung Demenzkranker ein Paradigmenwechsel statt, der sich am „Normalisierungsprinzip“ orientiert. Dieser Begriff ist ursprünglich nicht in der Altenpflege entwickelt worden, sondern stammt aus der Eingliederungshilfe und wurde erst allmählich auch für den Bereich der Betreuung dementer Menschen übernommen. (vgl. KLIE/SCHMIDT in: GERONTOLOGIE UND GERIATRIE 35/2002, S.177) Wichtige Punkte zur Umsetzung dieses Prinzips sind zum Beispiel:

- Eine veränderte Haltung professionellen Handelns, die sich nicht nur auf Defizite konzentriert

- Die Einbeziehung von Angehörigen und Laien, verbunden mit dem Ziel „lebensnahe Personen“ in die Pflege und Betreuung mit einzubeziehen
- Die Möglichkeit eine „geteilte Verantwortung“ wahr zumachen, in der die Dichotomie von häuslicher Pflege und stationärer Pflege überwunden werden kann.

(vgl. ebd., S. 181f)

2.2. Krankheitsbild und Symptomatik

Der Oberbegriff Demenz umfasst eine Reihe von Krankheitsbildern mit unterschiedlicher Ursache. Die beiden wichtigsten Erkrankungen sind die Alzheimerkrankheit und die vaskuläre Demenz, das heißt einem Hirnfunktionsabbau durch Gefäßerkrankungen. Auf die Alzheimerkrankheit entfallen 72%, auf die vaskulären Demenzen 16%, auf die sonstigen Demenzformen wie z.B. die Parkinson Demenz 11%. (vgl. BMFSFJ, 2002, S. 165) Nach WOJNAR lässt sich Demenz wie folgt definieren:

„Mit Demenz werden Störungen der Gedächtnisfunktionen und der intellektuellen Leistungen bezeichnet, die den Erkrankten an einer normalen Interaktion mit der Umgebung hindern und in seinen alltäglichen Aktivitäten beeinträchtigen. Die Demenzkranken leiden unter Störungen des Gedächtnisses, der Unfähigkeit, Neues zu lernen, der Unfähigkeit, früher im Langzeitgedächtnis abgespeicherte Informationen willkürlich abzurufen, dem Abbau intellektueller Leistungen, einer zunehmenden Unfähigkeit, alltägliche Tätigkeiten auszuführen. Diese Störungen werden von einer Veränderung der Persönlichkeit, einem Verlust der Kontrolle über emotionale Äußerungen sowie von zahlreichen Verhaltensauffälligkeiten, (...,) begleitet.“ (WOJNAR in: NAEGELE u. a., 2001, S. 2)

Durch diese kognitiven Störungen, die aber auch Fehlleistungen im Verhalten und in der gesamten Persönlichkeitsstruktur mit sich bringen, ergeben sich folgende Symptome, die für die Erkrankten und ihre Umwelt von großer Bedeutung sind:

- Verstärkte Vergeßlichkeit
- Orientierungsstörungen
- Sprachstörungen
- Gefühlsstörungen
- Wahnvorstellungen

- Erhaltene Fassade

Weiterhin treten oft auf: Motorische Unruhe, Umherlaufen verbunden mit „Weglauf-Tendenzen“, einer fehlenden Organisation von Körperpflege und Kleidung, Blasen- und Darmentleerungsstörungen und Persönlichkeitsveränderungen (vgl. BMFSFJ, 2002, S. 165) All diese Symptome führen bei den Betroffen dazu, dass sie, vor allen Dingen in der ersten Phase der Erkrankung, zu umfangreichen Bewältigungsstrategien greifen, die dazu verhelfen sollen, mangelnde Fähigkeiten und Defizite auszugleichen. Diese sogenannten „Coping-Strategien lassen sich in fünf Kategorien einteilen:

- Vermeidungsstrategien: Demenzkranke entwickeln diese, um Situationen zu entkommen, in denen ihre nachlassenden Fähigkeiten von der Umwelt bemerkt werden könnten. So schränken sie ihren Bewegungsradius immer mehr ein, ziehen sich verstärkt in ihre Häuslichkeit zurück und vermeiden Außenkontakte.
- Kompensation: Für Handlungen, die vor der Erkrankung von dem Betroffenen mit Leichtigkeit durchgeführt werden konnten, werden nun ausgleichende Tätigkeiten zur Hilfe genommen.
- Fassadenverhalten: Demenzkranke versuchen noch lange Zeit ihr Äußeres zu wahren, indem sie beispielsweise in Gesprächen mit anderen Floskeln verwenden, und somit ihre Unfähigkeit auf konkrete Fragen zu antworten, überspielen.
- Bagatellisieren: Dieses „Unwichtigmachen“ von Fehlleistungen und –verhalten verhilft dem Erkrankten zu einem persönlichen Schutz.
- Projektionen auf die Umwelt: Mit dieser Strategie vermeiden die Erkrankten das Eingeständnis der eigenen Vergeßlichkeit. So werden beispielsweise Familienmitglieder beschuldigt, Dinge gestohlen zu haben, die der Betroffene nicht wiederfindet.

(vgl. ebd., S. 176ff)

Diese Verhaltensweisen sind für die Umwelt oft nicht leicht nachzuvollziehen. Ein „besonderer“ Umgang mit dem Erkrankten ist zwar nötig, aber das Wissen und die Kenntnis von Veränderungen bei Demenzkranken hilft ein „normales“ Miteinander zu ermöglichen.

2.3 Anforderungen im Umgang mit dementiell Erkrankten

Auch eine optimale materielle und soziale Umgebung und therapeutischer Umgang scheinen den Verlauf von Demenzerkrankungen nicht zu beeinflussen, sie erhöhen aber dennoch die Lebensqualität der Betroffenen. Eine möglichst „normale" und selbständige Lebensführung sollte den Kranken ermöglicht werden. Sie sollten nicht nur „behandelt" oder „gepflegt" werden, sondern aufmerksam, unauffällig begleitet, soweit wie nötig unterstützt und durch angepaßte Beschäftigungsangebote aktiviert werden. Geduld, Ruhe und eine gute Beobachtungsgabe gehören zu den wichtigsten Eigenschaften der betreuenden Personen. (vgl. BMFSFJ, 2002, S. 180f)

Zur Herstellung und der Erhaltung von Lebensqualität für Demenzkranke ist vor allem zu beachten, dass die Kranken auf der emotionalen Ebene bis zum Schluß über ein hohes Maß an Sensibilität und Wahrnehmung verfügen.

„Sind auch kognitive Fähigkeiten fast erloschen, so bleibt bis zum Ende eine hohe Bereitschaft, auf Außenreize zu reagieren. Sind auch die Antworten von Demenzkranken für ihre Mitmenschen häufig mißverständlich, nur erfühlbar und werden deshalb fehlinterpretiert, so bleibt vermutlich die emotionale Kontaktfähigkeit bis zum Tod erhalten." (HIRSCH in: BMFSFJ, 2002, S. 177)

Der Begriff der Lebensqualität läßt sich nach dem von BROD et. al entwickelten Verfahren des „Dementia-Quality of Life Instrument" in sechs Bereiche unterteilen, die auch für die Lebensqualität von Demenzerkrankten von Bedeutung sind:

- Selbstwertgefühl, als Häufigkeit von Gefühlen des Selbstvertrauens, der Zufriedenheit damit, etwas geleistet zu haben oder eigene Entscheidungen getroffen zu haben
- Positive Emotionen, wie Glücklich-Sein, Zufriedenheit, Hoffnung
- Negative Emotionen, wie Angst, Einsamkeit und Beschämung
- Gefühl der Geborgenheit, z. B. sich nützlich fühlen, sich von anderen akzeptiert fühlen
- Sinn für Ästhetik, z. B. Freude an sensorischer Stimulation durch Musik, Töne und Farben

- Interaktionsfähigkeit, bzw. Kommunikationschwierigkeiten, Wortfindungsschwierigkeiten, defizitäres episodisches Gedächtnis.

(vgl. BMFSFJ, 2002, S. 78)

Für eine positive Beeinflussung der Krankheit ist es hilfreich sich an lebensweltbezogenen Unterstützungsformen zu orientieren. Lebenswelt heißt nach ZEMANN:

„Lebenswelt ist der symbolisch und praktisch gestaltete, soziale und sozialräumliche Bereich des Alltags, in dem sich das Leben der Menschen abspielt, und in den die Steuerungsprinzipien der Institutionen, z.B. des sozialen und gesundheitlichen Versorgungssystems und die Orientierungen ihrer professionellen Akteure zwar hineinwirken, den sie aber nicht unmittelbar zu steuern vermögen." (ZEMANN in: SCHMIDT/THIELE, 1998, S. 114)

Zu den Positionen eines lebensweltgestaltenden Ansatzes gehört auf der einen Seite, dem Menschen ein Netz an Sicherheit zu geben, welches auch seine Privatheit unterstützt. Weiterhin ist es wichtig, dass der Mensch seine Autonomie behält, indem er aber auch die Kontrolle über seine Umwelt bewahrt. Flexibilität im Umgang der Menschen untereinander sowie eine Umwelt, die Anreize schafft, verhilft zu wichtigen Orientierungsmöglichkeiten. (vgl. BUHL/ENTZIAN in: GERONTOLOGIE UND GERIATRIE, Band 35/2002, S. 183) Zur Umsetzung des lebensweltnahen Ansatzes ist die verstärkte Einbeziehung von Angehörigen und Laien in der Betreuung zu unterstützen, da diese aufgrund ihrer Kenntnisse und eigener Erfahrungen an ehesten dazu in der Lage sind eine solche alltagsnahe Lebensführung zu gestalten. Alltagsnahe Gestaltung und Personenzentriertes Handeln meint, dass hier die Kranken in Handlungen mit einbezogen werden, die sie noch selbständig oder mit nur geringer Hilfe ausführen können. Professionelle Pflege kann dies oft nicht leisten, weil in diesen Pflegearrangements eine Trennung zwischen Körperpflege und Betreuung vorgenommen wird. Dabei ist aber eine Annäherung an den Körper oftmals erst möglich, wenn es vorher durch Beziehungsgestaltung gelungen ist, eine entspannte Atmosphäre herzustellen, die dem Demenzkranken Sicherheit gibt. (vgl. KÄMMER in: GERONTOLOGIE UND GERIATRIE, Band 35/2002, S. 189).

Therapie- und Pflegekonzepte in der Dementenpflege – und betreuung lassen sich grob in zwei Gruppen einteilen:

- Prophylaxe bzw. Therapie der Verwirrtheitssymptomatik. Diese sind geeignet in frühen Stadien der Demenz kognitive Fähigkeiten zu erhalten und zu trainieren. Mit Hilfe von tagesstrukturierenden Maßnahmen werden den Betroffenen Hilfestellungen gegeben zur Orientierung. Aus diesem Grund ist der Begriff „Dementierender Mensch“ geschaffen worden, mit dem Versuch, mit dieser Begrifflichkeit die positiven Aspekte der Demenzerkrankung hervorzuheben. So können die Kranken durchaus bei schwindenden kognitiven Fähigkeiten mit Hilfe kreativer Bewältigungsstrategien in der Lage sein, den Anforderungen des täglichen Lebens gewachsen zu sein.
- Akzeptanz der Verwirrtheitssymptomatik. Die Demenz ist als eine nicht nur mit Defiziten behafteter Mangel zu sehen, sondern es ist zu erkennen, dass diese eine durchaus kreative Möglichkeit zur Lebensbewältigung ist. Bei diesen Konzepten geht es nicht darum, die Welt des Demenzkranken anzuzweifeln, sondern vielmehr für ihn eine Umwelt zu schaffen, in der er in seiner Welt leben kann. Das heißt die Umwelt wird dem Menschen angepaßt und nicht der Mensch an die Umwelt. Therapiekonzepte, die hier genannt werden können sind die „Validation“ nach Naomi Feil, die Basale Stimulation oder die Kinästhetik.

(vgl. BÖLICKE/STEINHAGEN-THIESSEN in: IGL, 2002, S. 181f)

2.4 Situation der pflegenden Angehörigen

Wie schon vorher benannt, wird ein Großteil der Pflegebedürftigen Demenzkranken von ihren Angehörigen betreut. Die Hälfte der Pflegenden sind Frauen über 65 Jahren, zu 25% sind es sogar Frauen über 75 Jahren. (vgl. WÄCHTLER, 1997; S. 69)

Ob die häusliche Pflege gut funktioniert ist abhängig von der Bereitschaft und der Motivation der pflegenden Angehörigen. Diese kann sich entwickeln aus positiven Gefühlen und einer guten Beziehung gegenüber dem zu Pflegenden, aus einer wirtschaftlichen Not heraus, aber auch durch sozialen Druck von außen. Des weiteren sind aber auch die Fähigkeiten und Ressourcen des Pflegenden wichtige Aspekte. Physische und psychische Stärken und Belastbarkeiten, die nötige Unterstützung von außen sowie die nötigen Informationen hierüber lassen es zu, dass die Pflegefähigkeit lange erhalten bleibt. Pflegende Angehörige erleben nicht nur persönliche Einschränkungen, sondern vor allem emotionale und physische Belastungen aufgrund der Persönlichkeitsveränderungen der Kranken. Sie leiden am „Auslöschen" der gemeinsamen Biografie, sind hilflos gegenüber den Angstkrisen der Gepflegten, grübeln über potentielle Gefährdungen, erleben einen Verlust an Zuneigung zum Gepflegten, wissen nicht wie lange sie noch durchhalten und schämen sich bei dem Gedanken, dass nur noch der Umzug ins Heim bleibt. (vgl. BMFSFJ, 2002, S. 201) Im Frühstadium der Demenz ist die Belastung durch die Pflege des Erkrankten am größten. Zwar steigt im Verlauf der Erkrankung die kognitive Einschränkung der Pflegebedürftigen, aber die Pflegenden scheinen sich mit der Zeit an die veränderte Situation anzupassen. Pflegende Angehörige sind mit einer grundlegenden Veränderung ihrer Beziehung zur gepflegten Person konfrontiert. In der Vergangenheit etablierte Beziehungs- und Familienregeln verlieren ihre Gültigkeit. Dabei stellen aber die Angehörigen für die dementiell Erkrankten bedeutsame Beziehungspersonen dar, auf deren Unsicherheiten und emotionalen Schwankungen sie sehr sensibel reagieren. (vgl. BMFSFJ, 2002, S. 201f)

Belastungen für pflegende Angehörige unterscheidet man auf der physischen, psychischen, sozialen, materiellen, strukturellen und zeitlichen Ebene. (vgl. im folgenden Dirksen, 1999, S. 26ff)

- Physische Belastungen ergeben sich aus der mit der Schwere der Demenz wachsenden erforderlichen direkten körperlichen Pflege. Die nächtliche Unruhe der Erkrankten führt oft dazu, dass auch die

Pflegekräfte zu wenig Schlaf erhalten. Folge ist ein Nachlassen der Konzentration, Erschöpfung und Schwäche.

- Psychische Belastungen entwickeln sich durch schwierige Verhaltensweisen und der mangelnden Information über den Umgang hiermit. So verunsichern z. B. die ständige Unruhe, die Wahnvorstellungen und Aggressivität die pflegenden Angehörigen. Der Ausblick auf eine ungewisse Zukunft kann emotional sehr bedrückend sein. Beim Angehörigen können sich Trauer, Depressionen aber auch Angst und Wut entwickeln. Angst vor eigener Erkrankung und dem damit verbundenen Ausfall der Pflegeperson führen zu einer Dauerbelastung, die den Angehörigen schwächt und ihn reizbar und unausgeglichen machen kann.
- Soziale Belastungen sind vor allen Dingen durch die Isolation erkennbar. Angehörige von Demenzkranken ziehen sich oft immer mehr aus ihrem sozialen Netz zurück. Oftmals schämen sie sich für die Verhaltensweisen der Erkrankten und wollen diese niemanden zumuten. Es kann aber auch passieren, dass sich die Umgebung von der betroffenen Familie zurückzieht, da sie aus Uninformiertheit und Unsicherheit nicht wissen, wie sie dem Erkrankten und seiner Pflegekraft begegnen sollen.
- Materielle Einschränkungen entstehen z. B. dadurch, dass jüngere Pflegepersonen ihre Berufstätigkeit einschränken oder gar ganz aufgeben. Zudem sind die gesetzlich anerkannten monetären Leistungen nicht immer ausreichend oder werden aus Scham auch nicht in Anspruch genommen.
- Strukturelle Beschränkungen entstehen durch eine Nicht-Dementen geeignete Wohnung oder dem Wohnen in einer schlecht funktionierenden Infrastruktur, z. B. auf dem Lande. Diese erschweren die Belastungen der Pflege eines Demenzerkrankten zusätzlich.
- Zeitliche Belastungen ergeben sich, da die Sorge für einen Demenzkranken mit einer Rund-um-die-Uhr Betreuung für die pflegenden Angehörigen verbunden ist mit der ständigen Bereitschaft bzw. Notwendigkeit für den Erkrankten da zu sein. Das

hat zur Folge, dass sich pflegende Angehörige völlig ausgebrannt fühlen, da es ihnen nicht möglich ist für einen Ausgleich zu sorgen.

All diese genannten Belastungen treten aber nicht isoliert auf, sondern meistens in Wechselwirkung und gehäuft. Dies führt dazu, dass pflegende Angehörige ein hohes Risiko mit sich tragen, selbst psychisch zu erkranken. Aufgrund von Schlafstörungen, Erschöpfung und Nervosität besteht ein hohes Risiko für eine Psychopharmaka- oder Alkoholabhängigkeit. (vgl. ebd., S. 28)

Trotz vielfältiger Belastungen, die sich für pflegende Angehörige ergeben, werden professionelle Hilfen oftmals nicht oder erst relativ spät angenommen. So nutzen nur ein Viertel der Angehörigen, die einen Demenzkranken pflegen, Beratungsangebote zur Entlastung. Eine ebenso große Zahl nimmt die Unterstützung durch ambulante Dienste in Anspruch. Angebote wie die Tages- und Nachtpflege oder die Kurzzeitpflege werden von weniger als 10% genutzt. Entlastend kann sich aber auch die Teilnahme an einer Angehörigengruppe auswirken. Hier erfahren die TeilnehmerInnen Beistand durch den Erfahrungsaustausch mit anderen Betroffenen, erhalten Informationen durch Vorträge und erlernen Entspannungsübungen für die Bewältigung des schweren Alltags. (vgl. BMFSFJ, 2002, S. 202f) Für die Nicht-in-Anspruchnahme solcher Angebote wird von den Teilnehmenden oftmals beklagt, dass sie über bestehende Angebote nicht informiert waren und sie für die Zeit der Angehörigengruppen keine Betreuung für ihre pflegebedürftigen Demenzkranken hätten. Als weitere Gründe, warum von pflegenden Angehörigen entlastende professionelle Dienste nicht in Anspruch genommen werden, können folgende Punkte genannt werden:

- Stark ausgeprägter Autonomiewille
- Gefühl selbst zu wissen, was für den Kranken gut ist
- Keine Notwendigkeit erkannt
- Schlechte Erfahrungen mit der Nutzung von Angeboten
- Zu teuer

(vgl. NAEGLE u. a., 2001, Teil 2)

Da aus obengenannten Ursachen für die Annahme professioneller Hilfen große Hemmschwellen bestehen, kann es oftmals sinnvoll sein, Entlastungsangebote zu schaffen, die auf einer niedrigschwelligeren Ebene angelegt sind, z. B. können, wie bereits genannt, Selbsthilfegruppen der erste Weg sein, diese Hemmnisse außer Gang zu setzen. Wenn es dann für pflegende Angehörige Möglichkeiten gibt, ihre pflegebedürftigen Kranken während dieser Entlastungszeit gut versorgt zu wissen, ist mit einer noch größeren Bereitschaft zur Annahme dieser Angebote zu rechnen.

3. Versorgungsstrukturen und gesetzliche Grundlagen

Es ist davon auszugehen, dass es in Deutschland zum jetzigen Zeitpunkt keinen Mangel am Erkenntniswissen für den Bereich der Demenz gibt, eher ist es so, dass es hier ein Defizit gibt, dieses Wissen konkret in die Praxis umzusetzen (vgl. BUHL/ENTZIAN in: GERONTOLOGIE UND GERIATIRIE, Band 35/2002, S. 181). So sollen im folgenden Abschnitt Formen von Versorgungsangeboten für dementiell Erkrankte vorgestellt werden. Weiterhin erscheint es an dieser Stelle sinnvoll, gesetzliche Vorgaben und Ausführungen, die den Kreis demenzkranker Menschen betreffen, aus dem Pflegeversicherungsgesetz und dem Pflegeleistungsergänzungsgesetz vorzustellen. Im Anschluß daran soll die Überlegung gestellt werden, in welcher Richtung für die Umsetzung einer verbesserten Versorgungsstruktur Handlungsempfehlungen getroffen werden müssten.

3.1 Bestehende Versorgungsstrukturen

Angebote für die Pflege, Versorgung und Betreuung demenzkranker Menschen und ihrer Angehörigen gibt es in Deutschland in unterschiedlicher Quantität. Man kann davon ausgehen, obwohl hierzu keine wissenschaftlichen Untersuchungen gefunden wurden, dass in städtischen Gebieten die Versorgungslage oftmals schon als ausreichend zu nennen ist, aber in ländlichen Gebieten hier noch oft völliges "Brachland" vorherrscht. Wir unterscheiden

Versorgungsangebote nach ihrer beratend, therapeutischen Funktion und nach ihrer Erbringung von pflegerischen Elementen. Zu den pflegerischen Versorgungselementen gehören: (vgl. hierzu im folgenden NAEGELE u. a., 2001, Teil 3; DIRKSEN, 1999, S. 35f)

a. Ambulante Pflegedienste

Durch diese Einrichtungen, vorwiegend sind dies Sozialstationen, werden in der Hauptsache grund- und krankenpflegerische Hilfeleistungen erbracht. Ihre Unterstützung ist eine nur punktuell erbrachte und ist vom Arbeiten unter großen Zeitdruck abhängig. Emotionale Unterstützungsleistungen können deshalb in vielen Fällen nicht erbracht werden. Zudem fehlt es in ambulanten Einrichtungen oftmals noch an gerontopsychiatrischen Fachkräften, die eine Umsetzung spezieller therapeutischer Elemente für Demenzkranke gewährleisten könnten. Wirtschaftlicher Druck in den ambulanten Pflegeeinrichtungen führt dazu, dass sich eng an den vorgegebenen Leistungskatalogen gehalten werden muss. Ein häufiger Wechsel des Personals durch eine hohe Fluktationsrate und der zuvor genannte Zeitdruck kommen den Bedürfnissen der Demenzkranken nicht entgegen. Für psychosoziale Leistungen (z. B. Tagesstrukturiende Maßnahmen, Training von Alltagskompetenzen) für Betroffene und pflegende Angehörige bietet das Leistungsspektrum wenig Freiräume.

b. Gerontopsychiatrische Tages- und Nachtpflege

Dieses sind Einrichtungen im Sinne der Pflegeversicherung. Sie dienen der Entlastung des familalen Hilfesystems. Angehörige haben hiermit die Möglichkeit für eine bestimmte Zeitspanne eigenen Interessen, z. B. auch einer Berufstätigkeit nachzugehen. Es gibt nur ein geringes quantitatives Angebot, deswegen auch nur eine geringe Chance zur Nutzung. Zudem herrscht hier bei den Betroffenen oftmals Unkenntnis über diese Versorgungsform. Komplikationen, die sich durch Schwierigkeiten in der Abrechenbarkeit ergeben, verhindern ebenfalls die Annahme dieses Angebots.

c. Kurzzeitpflege

Diese stellt eine wichtige Form der Versorgung dar, denn sie bietet eine zeitlich befristete vollstationäre Pflege. Angehörige haben hierdurch bei eigener Krankheit, Überlastung oder bei Wunsch nach Urlaub die Gelegenheit die Versorgung der Demenzkranken in professionelle Hände zu geben. Um den optimalen Übergang in diese Versorgungsform zu gewährleisten ist es notwendig, eine gute und intensive Zusammenarbeit mit den Angehörigen zu leisten.

Beratende und therapeutische Funktionen nehmen in der bestehenden Versorgungslandschaft folgende Angebote ein:

d. Gerontopsychiatrische Beratungsstellen

In dieser Versorgungsform vereinen sich oftmals verschiedene Institutionen unter einem Dach. Zum einem ist es hier möglich, die medizinisch-pflegerische Versorgung abzuklären. Auf der anderen Seite finden sich hier auch Beratungsstellen, die den betroffenen Angehörigen als Beratungs- und Informationszentrum dienen. Für diese Versorgungsform ist eine interdisziplinäre Zusammenarbeit mit Professionen wie der Alten- und Krankenpflege, Sozialarbeit und der Gerontopsychiatrie kennzeichnend. Unter dem Dach dieser Beratungsstellen finden sich häufig auch die

e. Angehörigenberatung und Selbsthilfe

Angehörigenarbeit hat folgende Schwerpunkte:

- Klären, Informieren und Verständlichmachen. Gerade am Anfang der Krankheit benötigen Angehörige eine Vielfalt von Informationen über die Krankheit an und für sich, die bestehenden Hilfeangebote und dem Wissen über die bestehenden Rechtsgrundlagen.
- Unterstützung bei der Akzeptanz der Defizite und der begleitenden Trauer.
- Unterstützende Auseinandersetzung mit Persönlichkeitsmerkmalen und mit ihren Beziehungen.

Für Angehörige gibt es vielfach die Möglichkeit an Selbsthilfe- und Gesprächsgruppen teilzunehmen. Diese bieten vor allem emotionale Unterstützung, dienen dem Erfahrungsaustausch und sind hilfreich, um einer Isolation vorzubeugen. Einige dieser Gesprächsgruppen sind den Gerontopsychiatrischen Beratungsstellen angegliedert, andere wiederum sind aus der Arbeit der Deutschen Alzheimer Gesellschaft entstanden.

f. Niedrigschwellige Angebote

Diese dienen hauptsächlich zur Unterstützung in der psychosozialen Betreuung von Erkrankten, können helfen Betroffene sozial zu aktivieren und entlasten wiederum die pflegenden Angehörigen.

In diesem Bereich sind Betreuungsgruppen zu nennen sowie sogenannte Familienentlastende Dienste. Meist werden diese Angebote von LaienhelferInnen unterstützt unter der Anleitung professioneller Kräfte. Diese Angebote gibt es zurzeit erst in wenigen Regionen Deutschlands; Erfahrungen aus ersten Modellprojekten haben aber ihre hohe Wirksamkeit gezeigt. Die Antwort auf den Bedarf nach diesen Versorgungsstrukturen finden wir in den Leistungen des PflEG vorgegeben, auf dass im nächsten Punkt eingegangen werden soll.

3.2 Rechtliche Rahmenbedingungen

Im Zusammenhang mit dieser Arbeit sollen vorrangig die für diesen Bereich elementaren Rechtsgrundlagen aus dem SGB XI, das Pflegeversicherungsgesetz (PvG) und das Pflegeleistungsergänzungsgesetz (PflEG) zur Hilfe genommen werden.

3.2.1 Das Pflegeversicherungsgesetz

Das Pflegeversicherungsgesetz, welches im Jahre 1995 in Kraft getreten ist, wurde konzipiert, um älteren, pflegebedürftigen Menschen zu helfen, „ein möglichst selbständiges und selbstbestimmtes Leben zu führen, das der Würde der Menschen entspricht. Die Hilfen sind darauf auszurichten, die körperlichen, geistigen und seelischen Kräfte der Pflegebedürftigen wiederzugewinnen oder zu erhalten.“ (§ 2 (1) PvG) Für Menschen mit Demenzerkrankungen stellt der § 14 allerdings oftmals eine große Hürde dar. Der Begriff der Pflegebedürftigkeit wird hiernach definiert für Menschen, „(...), die wegen einer körperlichen, geistigen oder seelischen Krankheit oder Behinderung für die gewöhnlichen und regelmäßig wiederkehrenden Verrichtungen im Ablauf des täglichen Lebens auf Dauer, (...), in erheblichen oder höherem Maße der Hilfe bedürfen." (§14 (1) PvG) Nach § 14 (4) gehören zu diesen Verrichtungen nur rein körperbezogene und hauswirtschaftliche Tätigkeiten. Allgemeine Betreuungs- und Beaufsichtigungszeiten, die in der Pflege und Versorgung Demenzkranker eine große Rolle spielen fehlen hier. Eine Erweiterung des Paragraphen um den Begriff „allgemeine Hilfs- und Betreuungsleistungen" wäre notwendig, um dem speziellen Betreuungsaufwand für Demente entgegenzukommen. (vgl. DT. ALZHEIMER GESELLSCHAFT, 2000, S. 6) Folge hiervon ist, dass eine Einstufung in eine Pflegestufe oftmals erst erfolgt, wenn die Krankheit schon weiter fortgeschritten ist. Der geforderte Präventionsgedanke des PvG kann damit nicht erfüllt werden. So heißt es in § 5 (1): „Die Pflegekassen wirken bei den zuständigen Leistungsträgern darauf hin, dass frühzeitig alle geeigneten Maßnahmen der Prävention, der Krankenbehandlung und der Rehabilitation eingeleitet werden, um den Eintritt von Pflegebedürftigkeit zu vermeiden." Der § 39 war in der Vergangenheit für pflegende Angehörige ein wichtiger Baustein für Entlastungsmöglichkeiten. In diesem Paragraphen wird die häusliche Pflege bei Verhinderung der Pflegepersonen sichergestellt. Pflegepersonen haben hiermit die Möglichkeit für einen Zeitraum von längstens vier Wochen je Kalenderjahr und einem Aufwendungsbetrag von 1432 Euro Familienersetzende Pflegeangebote zu nutzen. Dieses wurde von Angehörigen Demenzkranker häufig genutzt, um sich mit diesen Geldmitteln Leistungen von Familienentlastenden Diensten, den Aufenthalt in Betreuungsgruppen oder einen Besuch in einer Tagesklinik einzukaufen. Nach § 41 besteht zusätzlich für Angehörige, die beispielsweise berufstätig sind, die Möglichkeit Leistungen der Tagespflege und Nachtpflege in Anspruch zu nehmen. Hierfür gibt es Leistungen in Höhe von 384 Euro bis 1432 Euro, in Abgrenzung zur gewährten Pflegestufe. Seit dem 01.01.2002 gilt mit dem Paragraphen § 37 (3) ein erweitertes Beratungsangebot für pflegende Angehörige von Menschen mit eingeschränkten Alltagskompetenzen. So können hier Bezieher von Pflegegeld das Angebot nutzen, durch einen zusätzlichen Beratungsbesuch eines Pflegedienstes sich Informationen einzuholen für Entlastungsangebote. „Pflegebedürftige, bei denen ein erheblicher Bedarf an allgemeiner Beaufsichtigung und Betreuung nach § 45a festgestellt ist, sind berechtigt, den Beratungseinsatz innerhalb der in Satz 1 genannten Zeiträume zweimal in Anspruch zu nehmen:" (PvG, § 37 (1), Satz 5). Wichtig ist in diesem Zusammenhang die Feststellung, dass es sich bei diesen Besuchen nicht um „Kontrollen" der Pflegekassen handelt, sondern diese zur Unterstützung und Sicherung der Pflege in der häuslichen Umgebung dienen.

3.2.2 Das Pflegeleistungsergänzungsgesetz

Zum 01.01.2002 ist das Pflegeleistungsergänzungsgesetz in Kraft getreten; Leistungen hierfür können theoretisch seit dem 01.04.2002 in Anspruch genommen werden. Aufgrund mangelnder Angebote und fehlender Ausführungsbestimmungen und Verordnungen der Bundesländer verzögerte sich allerdings die praktische Umsetzung in vielen Gebieten. Die einzelnen Gesetze sollen nun etwas ausführlicher dargestellt werden, da sie eine hohe Relevanz für die folgende Arbeit und die begleitenden Untersuchungen haben.

§ 45a Berechtigter Personenkreis

Nach § 45a (1) können Leistungen nach diesem Gesetz von Personen in Anspruch genommen werden, bei denen bereits die Einstufung in eine Pflegestufe I, II oder III erfolgt ist und bei denen aufgrund ihrer demenzbedingten Fähigkeitsstörung, einer geistigen Behinderung oder einer psychischen Erkrankung ein erheblicher Bedarf an Betreuung festgestellt worden ist. Leistungen können nur in Anspruch genommen werden, wenn der Pflegebedürftige in der häuslichen Umgebung versorgt wird und wenn als Folge der Krankheit Auswirkungen auf die Aktivitäten des täglichen Lebens festgestellt wurden, die zu einer erheblichen Einschränkung der Alltagskompetenzen führen. Folgendes Bewertungsschema nach § 45a (2) wird vom Medizinischen Dienst zur

Einschätzung der eingeschränkten Alltagskompetenzen zur Hilfe genommen:

1. Unkontrolliertes Verlassen des Wohnbereiches (Weglauftendenz);
2. Verkennen oder Verursachen gefährdender Situationen;
3. Unsachgemäßer Umgang mit gefährlichen Gegenständen oder potentiell gefährdenden Substanzen;
4. Tätlich oder verbal aggressives Verhalten in Verkennung der Situation;
5. Im situativen Kontext inadäquates Verhalten;
6. Unfähigkeit, die eigenen körperlichen und seelischen Gefühle oder Bedürfnisse wahrzunehmen;
7. Unfähigkeit zu einer erforderlichen Kooperation bei therapeutischen oder schützenden Maßnahmen als Folge einer therapieresistenten Depression oder Angststörung;
8. Störungen der höheren Hirnfunktionen (Beeinträchtigungen des Gedächtnisses, herabgesetztes Urteilsvermögen), die zu Problemen bei der Bewältigung von sozialen Alltagsleistungen geführt haben;
9. Störung des Tag-/Nacht-Rhythmus;
10. Unfähigkeit, eigenständig den Tagesablauf zu planen und zu strukturieren;
11. Verkennen von Alltagssituationen und inadäquates Reagieren in Alltagssituationen;
12. Ausgeprägtes labiles oder unkontrolliert emotionales Verhalten;
13. Zeitlich überwiegend Niedergeschlagenheit, Verzagtheit, Hilflosigkeit oder Hoffnungslosigkeit aufgrund einer therapieresistenten Depression"

Das bedeutet in der Konsequenz, dass mit diesem Paragraphen praktisch eine neue Pflegestufe geschaffen wurde, aber für den Erhalt von Leistungen ist eine Einstufung nach § 14 notwendig.

<u>§ 45b Zusätzliche Betreuungsleistungen</u>

Wenn Pflegebedürftige die Voraussetzungen des § 45a erfüllen, haben sie Anspruch auf zusätzliche Betreuungsleistungen, die mit einem Betrag von 460 Euro pro Kalenderjahr finanziert werden. Ein zweckgebundener Einsatz für folgende qualitätsgesicherte Betreuungsleistungen ist vorgesehen:

„§ 45b (1) ,(...)
1.der Tages- oder Nachtpflege,
2. der Kurzzeitpflege,
3. der zugelassenen Pflegedienste, sofern es sich um besondere Angebote der allgemeinen Anleitung und Betreuung und nicht um Leistungen der Grundpflege und hauswirtschaftlichen Versorgung handelt, oder
4. der nach Landesrecht anerkannten niedrigschwelligen Betreuungsangebote, die nach § 45c gefördert oder förderungsfähig sind."

Der finanzielle Anreiz von 460 Euro ist nicht besonders hoch, wenn man daran denkt, welche Belastungen pflegende Angehörige haben und welches Ausmaß an Entlastung sie bräuchten. Deshalb kann davon ausgegangen werden, dass von den Betroffenen Leistungen der Punkte 1-3 weniger in Anspruch genommen werden. Die Akzeptanz der niedrigschwelligen Betreuungsangebote wird deshalb höher sein, da hiermit quantitativ ein Mehr an Leistungen eingekauft werden kann. Wichtig ist, dass es sich hier nicht um eine Sachleistung handelt, sondern, dass der Anspruchnehmer direkt mit dem Leistungsanbieter abrechnet und dann die Beträge von der Pflegekasse nach Rechnungslegung erstattet bekommt. (vgl. HÄUSLICHE PFLEGE, 1/2003, S. 18) Die Anerkennung von Betreuungsangeboten stellt nach Meinung des Bundesverbandes für Anbieter sozialer Dienste eine zu große bürokratische Hürde dar, womit die Wahlfreiheit des Pflegebedürftigen eingeschränkt wird und es zu einer zeitlichen Verzögerung in der Realisierung des Gesetzes kommen muss. (vgl. BPA in: www.bpa.de)

§45c Weiterentwicklung der Versorgungsstrukturen

Nach § 45c (1) steht hierfür insgesamt ein Fördervolumen von 20 Millionen Euro im Kalenderjahr zu Verfügung. Die Bundesländer müssen hierzu Rechtsverordnung erlassen für die konkrete Umsetzung. Zum Teil ist dies bereits geschehen, wie z. B. auch in Niedersachsen. Hier bezieht sich die Förderung auf die sogenannten Overhead-Kosten (Schulung und Begleitung der Betreuungskräfte, Sachkosten und Verwaltung). Ein wöchentlich stattfindendes Betreuungsangebot wird verlangt, die Schulung und Begleitung der Betreuungspersonen muss sicher gestellt sein, sowie eine Koordination durch die Pflegedienste. (vgl. HÄUSLICHE PFLEGE, 1/2003, S. 19f)

In Niedersachsen gibt es vier Gestaltungsformen für niedrigschwellige Angebote (vgl. Anlage I a: Verordnung über die Anerkennung nach § 45b des SGB XI)

a. Betreuungsgruppen für Menschen mit demenzbedingten Fähigkeitsstörungen, mit geistigen Behinderungen oder psychischen Erkrankungen
b. Helferkreise zur stundenweisen Entlastung pflegender Angehöriger im häuslichen Bereich
c. Tagesbetreuung in Kleingruppen oder Einzelbetreuung

d. Familienentlastende Dienste

Nach Vorstellung der Bundesregierung sollen diese Angebote hauptsächlich ehrenamtlich ausgeführt und hauptamtlich begleitet werden. Von seiten des bpa wird Kritik zum § 45c geäußert, da in diesem Gesetz nur niedrigschwellige Betreuungsangebote Berücksichtigung finden. Hierdurch wird dem Blick auf die Notwendigkeit der Weiterentwicklung professioneller Versorgungsstrukturen entgegen gewirkt. (vgl. BPA in: www.bpa.de)

In § 45c (3) werden die Bedingungen, die von Einrichtungen und Trägern erfüllt werden müssen wie folgt beschrieben:

„Niedrigschwellige Betreuungsangebote im Sinne des Absatzes 1 Satz 1 sind Betreuungsangebote, in denen Helfer und Helferinnen unter pflegefachlicher Anleitung die Betreuung von Pflegebedürftigen mit erheblichem Bedarf an allgemeiner Beaufsichtigung und Betreuung in Gruppen oder im häuslichen Bereich übernehmen sowie pflegende Angehörige entlasten und beratend unterstützen, (...).“

Für Institutionen besteht die Möglichkeit über eine Projektförderung notwendige Personal- und Sachkosten abdecken zu können, die im Zusammenhang mit der Koordination, Organisation, Schulung und Begleitung von HelferInnen stehen. Weiterhin können diese finanziellen Mittel dazu verwendet werden, um ehrenamtlichen Kräften einen Aufwandsersatz zahlen zu können. Weiterhin heißt es im § 45c (3)

„Dem Antrag auf Förderung ist ein Konzept zur Qualitätssicherung des Betreuungsangebotes beizufügen. Aus dem Konzept muss sich ergeben, dass eine angemessene Schulung und Fortbildung der Helfenden sowie eine kontinuierliche fachliche Begleitung und Unterstützung der ehrenamtlich Helfenden in ihrer Arbeit gesichert ist. Als grundsätzlich förderungsfähige niedrigschwellige Betreuungsangebote kommen in Betracht Betreuungsgruppen für Demenzkranke, Helferinnenkreise zur stundenweisen Entlastung pflegender Angehöriger im häuslichen Bereich, die Tagesbetreuung in Kleingruppen oder Einzelbetreuung durch anerkannte Helfer, Agenturen zur Vermittlung von Betreuungsleistungen für Pflegebedürftige im Sinne des § 45a sowie Familienentlastende Dienste.“

Auch dieser Teil des Gesetzes konnte bis jetzt in vielen Regionen Deutschlands noch nicht zur Umsetzung gebracht werden. Die Bundesländer haben entsprechende Verordnungen über finanzielle Fördermittel noch nicht herausgegeben. Viele Institutionen und Dienstleister, die bereit sind, qualitätsgesicherte Maßnahmen für HelferInnen anzubieten, haben bereits Konzepte geschrieben, Ideen entwickelt und sogar zum Teil bereits mit der Umsetzung begonnen, ohne zu wissen, ob und in welcher Höhe ihre Projekte gefördert werden.

Aus den zuvor benannten, bestehenden Versorgungsstrukturen und den gesetzlichen Rahmenbedingungen, die seit dem 01.01.2002 doch zu erheblichen Verbesserungen für Betroffene und deren Angehörige führen können, ist es möglich und auch notwendig Empfehlungen für die Weiterentwicklung innovativer Ideen in der Dementenversorgung auszusprechen.

3.3. Handlungsbedarf und Empfehlungen

Wenn man eine bedürfnisgerechte Versorgung und Betreuung von Demenzkranken als gesamtgesellschaftliche Aufgabe betrachtet, so müssen sich hierfür also Träger von Einrichtungen ebenso angesprochen fühlen wie Politiker, Professionelle und die pflegenden Angehörigen. Modellprojekte, die gezeigt haben, wie wirksam und effektiv sie sind, zugeschnitten auf die Bedürfnisse von pflegenden Angehörigen, hat es genug gegeben. Was jetzt benötigt wird ist eine flächendeckende Versorgung mit diesen Angeboten in ganz Deutschland. Vorrangig ist daran zu denken, dass sich Angebote nach den Wünschen und Bedürfnissen (Beratung, Entlastung, soziale Einbindung) der Angehörigen richten und den Versorgungsbedarf berücksichtigen. Angebote müssen weiterhin zielgruppenorientiert sein. So ist es möglich, dass für ältere pflegende Angehörige eine Beratung und Entlastung in der häuslichen Umgebung sinnvoll ist. Für jüngere Pflegende sind eventuell Gruppenangebote geeigneter, da sie mit dieser Form eher Erfahrungen haben. Pflegende Angehörige brauchen Entlastung auf allen Ebenen:

- psychisch kann dies geschehen durch Einzelberatung und Gesprächskreisen mit Themen, wie der Aufarbeitung von Schuld- und Versagensgefühlen
- körperlich können Entspannungsübungen und Freizeitangebote helfen

- zeitlich Entlastung ist gegeben durch familienentlastende Dienste und Betreuungsgruppen
- materiell sollten Möglichkeiten der Entlastung bei Berufstätigkeit durch abrechenbare Pflegeunterstützungsleistungen geschaffen werden
- eine soziale Eingliederung durch Information über das Krankheitsbild in der Gesellschaft kann einer Stigmatisierung der Betroffenen entgegenwirken.

(vgl. DIRKSEN, 1999, S. 21)

Auf dem Deutschen Alzheimer Kongreß wurden bereits 1997 Forderungen aufgestellt, die auch noch heute ihre Gültigkeit haben. Ebenso wurden von der Friedrich-Ebert-Stiftung Handlungsempfehlungen herausgegeben, die aus dem vorhergesagten resultieren:

- Mehr Betreuungsangebote für Demenzkranke; Forderung nach einem flächendeckenden Betreuungsangebot, welches den unterschiedlichen Bedürfnissen der pflegenden Angehörigen Rechnung trägt und die flexibel in Anspruch genommen werden können.
- Mehr Beratung und Information für Angehörige und dementiell Erkrankte;
- Mehr psychosoziale Angebote für Angehörige; von unschätzbarem Wert sind Angebote der psychosozialen Stabilisierung in Form von problementlastend wirkenden Gesprächen
- Ambulante Dienste sollten ihre bis jetzt schwerpunktmäßig vorgenommene Aufgabenerfüllung im Bereich der Kranken- und Altenpflege aufbrechen, zugunsten einer verbesserten Entlastung von Angehörigen. Hierzu ist es wichtig, dass sich MitarbeiterInnen dieser Einrichtungen fortbilden für die speziellen Problematiken in der Versorgung gerontopsychiatrischer PatientInnen.
- Stärkere Berücksichtigung dementiell Erkrankter in der Pflegeversicherung
- Förderung des innerfamilialen Unterstützungsmilieus;

- Stärkere gesellschaftliche Anerkennung der Pflegetätigkeit von Demenzkranken;
- Verbesserte Öffentlichkeitsarbeit zum Thema „Dementielle Erkrankungen; diese dient auch der Prävention
- Stärkere Kooperation von Professionellen und Ehrenamtlichen
- Ausbau der Qualitätssicherung bei Pflege- und Betreuungsleistungen für Demenzkranke (vgl. NAEGELE u. a., 2001, Teil 7)

Es hat sich gezeigt, wie wichtig es ist Versorgungsformen zu schaffen, die in ihrer Zugehensweise als niedrigschwellig angesehen werden können. Dies kann in positiver Weise durch den Einbezug von LaienhelferInnen in der Betreuung von Demenzerkrankten zur Entlastung der pflegenden Angehörigen geschehen. Zudem trägt diese zugehende Form der Altenhilfe den Präventivgedanken des PvG. Zusätzlich muss bedacht werden, dass Versorgungsstrukturen initiiert werden, die auch zukünftig finanzierbar sind. Dies kann nur möglich werden, wenn die professionelle Pflege unterstützt wird durch den Einsatz ehrenamtlicher Kräfte. Eine Vernetzung in der Versorgungslandschaft kann sicher dazu beitragen, dass Leistungen effizienter angeboten werden können. Auf die zukünftig hohe Zahl alleinstehender Demenzkranker muss in besonderer Weise eingegangen werden. Eine Schaffung von neuen Wohnformen nach dem Vorbild ausländischer Modelle, kann hier ebenfalls als sinnvoll erachtet werden, um auch für diese Personengruppe eine stationäre Versorgung zu vermeiden. Mit diesen Gedanken soll das theoretische Grundgerüst der Arbeit abgeschlossen werden und der Übergang zum praktischen Teil der Untersuchung erfolgen.

Teil II

4. Kooperation und Explorationsphase

Wie im letzten Punkt des vorangegangenen Kapitels aufgezeigt wurde, ist es inzwischen realisierbar für den Personenkreis mit eingeschränkten Alltagskompetenzen und deren Angehörige durch finanziellen Ausgleich für Entlastungsangebote zu sorgen. Hierfür ist es nötig, Einrichtungen und Träger zu finden, die bereit sind mit ihren fachlichen, personellen und räumlichen Ausstattungen neue und innovative Versorgungsangebote ins Leben zu rufen.

Für die vorliegende Untersuchungsphase konnte in Braunschweig mit dem Verein „ambet" (ambulante Betreuung hilfs- und pflegebedürftiger Menschen) eine Einrichtung gefunden werden, die seit nunmehr 20 Jahren innerhalb der Stadt ein Netz von sozialen Angeboten für ältere, hilfsbedürftige und pflegebedürftige Menschen geschaffen hat. Da, wie bereits festgestellt wurde, die Qualifizierung von LaienhelferInnen im Altenhilfesektor noch relativ neu ist, erschien es sinnvoll hierzu eine handlungsforschende Studie mit stark explorativen Phasen zu gestalten. Exploration bedeutet in diesem Fall, dass „bei Problemfeldern, die noch nicht ausreichend erforscht sind oder über die überwiegend deskriptive Untersuchungen vorliegen, die Exploration die zielgerichtete Suche nach der Erkenntnis eines Objekts ist." (FRIEDRICH, 1980, S. 122)

Da vorliegende Arbeit unter einem gewissen zeitlichen Druck bzw. mit einer festen Terminvorgabe verbunden war, war es nicht möglich, ein abschließendes Ergebnis zu der Thematik mit Hilfe der Untersuchungen zu erzielen. Dennoch ist es gelungen, erste Resultate und auch wichtige Erkenntnisse für das weitere Vorgehen in Bezug auf die Schulungsmaßnahme, für die Organisation der HelferInnen-Einsätze darzustellen sowie dienliche Argumentationshilfen für Kostenträger und Gesetzgeber aufzuzeigen.

1.1 Praxisbegleitender Untersuchungsrahmen

Der Verein „ambet“ (ambulante Betreuung hilfs- und pflegebedürftiger Menschen) in Braunschweig feiert in diesem Jahr sein 20jähriges Bestehen. In den vergangenen Jahren hat der Verein mit seinen Angeboten in positiver Weise für eine Verbesserung der Versorgungslandschaft auf dem sozialen Sektor in Braunschweig beigetragen. Als oberste Aufgabe hat sich das innovative Unternehmen in seinem Leitbild zum Ziel gesetzt, dass „alle Maßnahmen, Dienste und Handlungen sich hierbei an einem ganzheitlichen Menschenbild orientieren, das den Adressaten der Hilfen als einen kompetenten Partner versteht,(...) und in der der Mensch als eine lebendige Einheit aus Körper, Seele und Geist gesehen wird, der eingebunden ist in seine lebensgeschichtliche Entwicklung, seine gesellschaftliche, kulturelle und vor allem soziale Situation.“

Für diese ganzheitliche Sichtweise in der Betreuung und Begleitung hilfebedürftiger Menschen ist es wichtig, ein Versorgungspaket anzubieten, dass möglichst alle Bedürfnisse und Bedarfe dieser Personen zu decken bedarf. Die Ziele werden durch den Betrieb folgender Bereiche erfüllt:

- Sozialstation
- Soziotherapie
- Betreute Wohngruppen für ältere Menschen
- Gerontopsychiatrische Beratungsstelle, entstanden aus der seit 1987 bestehenden Angehörigenberatung
- Kontaktstelle für die Braunschweiger Alzheimer Gesellschaft
- Nachbarschaftshilfen
- Dementenwohnhaus als erste stationäre Einrichtung für "ambet" ab dem Sommer 2003

Die „Gerontopsychiatrische Beratungsstelle“ ist ein Arbeitsfeld des Vereins, in dem sich seit vielen Jahren mit den Problematiken gerontopsychiatrischer Menschen sowie ihrer pflegenden Angehörigen beschäftigt wird. Somit besteht hier eine gute Basis für die Schaffung neuer Versorgungsangebote. Die fachlichen, personellen und räumlichen Gegebenheiten für die Initiierung niedrigschwelliger Betreuungsangebote sind hier vorhanden. Trotz schwieriger Anfangsbedingungen, die Rechtsverordnungen der Bundesländer über die Anerkennung solcher Einrichtungen ließen lange auf sich warten, wurde vom Verein „ambet" ein Konzept entwickelt für ein Projekt zur „Initiierung und Vernetzung von niedrigschwelligen Betreuungsangeboten". Die Anerkennung und Zusage erhielt der Verein zwar im April 2003, aber mit dieser war keine Zusage über die Höhe der finanziellen Förderung verbunden, da die Verordnungen des Bundeslandes Niedersachsen hierfür noch fehlten. Trotz aller Widrigkeiten begann man im Februar 2003 mit dem ersten Schulungsblock für HelferInnen, die bereits „in den Startlöchern" standen, ohne zu wissen, ob und in welcher Höhe man finanzielle Mittel erhalten würde. Interessierte HelferInnen wurden aus dem Kreis der Braunschweiger Nachbarschaftshilfen angeworben. Diese Angebotsform, die ebenfalls seit mehreren Jahren in der Betreuung älterer Menschen in der Gemeinde durch den Einsatz ehrenamtlicher HelferInnen Erfahrungen sammeln konnte, wurde als zweiter Kooperationspartner in die Implementation des neuen Angebotes einbezogen.

Das auf der nachfolgenden Seite dargestellte Organigramm (Tab. 1) verschafft einen Überblick über den Aufbau und die Struktur des Vereins. Danach werden die beiden für die Untersuchung relevanten Arbeitsfelder, die Gerontopsychiatrische Beratungsstelle und die Nachbarschaftshilfe näher dargestellt.

Organigramm "ambet e.V. "

Verein

Ist der ideelle Überbau aller Aktivitäten. In der satzung sind die Ziele und Aufgaben von "ambet" festgelegt. Die Mitgliederversammlung entscheidet über alle wichtigen Angelegenheiten und beauftragt den Vorstand mit der Abwicklung der laufenden Geschäfte

Vorstand

Vertritt den verein rechtlich nach außen. Erführt die Geschäfte auf der ideellen Vereinsbebene und hat eine Geschäftsführung für die laufenden Geschäfte des Zweckbetriebs eingestellt.

Geschäftsführung

Die Geschäftsführung führt alle laufenden Geschäfte des Zweckbetriebs und ist Dienstvorgesetzter für alle Mitarbeiter.

Fachbereiche und Arbeitsfelder

Den Fachbereichen und Arbeitsfeldern obliegt die inhaltliche Ausgestaltung der Satzungsgemäßen Aufgaben

Die Fachbereiche werden von Fachbereichsleitern geleitet, denen die fachliche Verantwortung obliegt			Diese Arbeitsfelder unterstehen direkt der Geschäftsführung		
Fachbereich Sozialstation	Fachbereich Soziotherapie	Fachbereich Betreutes Wohnen	Gerontopsych. Beratungsstelle	Nachbarschaftshilfe	Verwaltung
Häusl. Altenpflege Häusl. Krankenpflege Hauswirts. Hilfen Leistungen Pflegevers. Beratung Pflegehilfsmittelverleih Sozialpädagogische Altenhilfe	Ambulante Betreuung psychisch erkrankter Menschen	Betreute Wohngruppen Betreutes Einzelwohnen Hausnotruf Aufbau neuer Wohngruppen	Rat und Hilfe für Betroffene Angehörige und profess. Tätige	Unterstützung für ältere Menschen durch Laienhelfer	Lohn- und Finazbuchhaltung Sekretariatsaufgaben
Standort: Rosenäckern	Standort: Triftweg	Standort: Triftweg	Standort: Triftweg	Standort: Triftweg	Standort: Triftweg
Mitarbeiter: Alten- und Krankenpflger, Dipl.Sozial-Arb./Sozialpäd., Pflegehelfer, Verwaltungskräfte Zivildienstleistende	Mitarbeiter: Dipl. Soz.Arb./Soz.päd.	Mitarbeiter: Dipl. Soz.Arb./Soz.päd. Zivildienstleistende	Mitarbeiter: Dipl. Psychologin Dipl. Soz.Arb./Soz.päd. Verwaltungskraft	Mitarbeiter: Dipl. Soz.Arb./Soz.päd.	Mitarbeiter: Verwaltungsangestellte

C\Eig.Dat\Arb.\Organigramm 20.03.03

4.2 Die Gerontopsychiatrische Beratungsstelle

Die Aufgaben und Ziele der Beratungsstelle sollen anhand des Kurzkonzeptes vorgestellt werden

Bei "ambet e. V." werden bereits seit 1987 Beratungshilfen für pflegende Angehörige geleistet. Im Laufe der Jahre konnte festgestellt werden, dass der Beratungsbedarf immer größer, aber auch zielgruppenspezifischer wurde. Daraus entwickelte sich der Gedanke der Errichtung einer Gerontopsychiatrischen Beratungsstelle für die spezielle Unterstützung und Beratung von Angehörigen demenzkranker Menschen. Ein dreijähriges Modellprojekt wurde zum 01.10.1999 mit Fördermitteln des Bundesministeriums für Gesundheit bezuschusst. Hierdurch konnten in der Beratungsstelle künftig nachfolgende konkrete Aufgaben wahrgenommen werden:

- Informationen zum Krankheitsbild, zum Umgang und über sozialrechtliche und finanzielleGrundsatzfragen
- Diagnoseabklärung und Optimierung der Medikation
- Schulungen für Angehörige
- Unterstützung bei der Bewältigung von akuten Krisen
- Gezielte Förderung und aktivierende Betreuung

Diese Hilfen werden tatsächlich geleistet durch:

- Einzel- und Familienberatung
- Kursangebote und Gesprächskreise für Angehörige
- Einzel -und Gruppenangebote in der Beratungsstelle für Erkrankte
- Freizeitangebote für Kranke und Angehörige
- Vertretungsdienste im häuslichen Bereich zur Entlastung der pflegenden Angehörigen

Personell ist die Beratungsstelle, bestehend aus einem multiprofessionellem Team mit zwei Dipl. Psychologinnen, einer Dipl. Sozialarbeiterin sowie einer konsultierenden Nervenärztin besetzt. Während der Modellphase konnte ein starker Anstieg in der Beratungsarbeit festgestellt werden. Seit 1996 werden von der Beratungsstelle in Kooperation mit der AOK Informationskurse für

Angehörige von Demenzkranken angeboten. Zwei Gesprächskreise für PartnerInnen und Töchter/Schwiegertöchter von Demenzkranken ergänzen das Angebot. Parallel zu den Gesprächskreisen finden Betreuungsgruppen für Erkrankte statt. Für viele Angehörige ist die Inanspruchnahme einer Betreuungsgruppe der erste Versuch, durch „fremde" Unterstützung Entlastung zu erhalten. Ein Angebot, das eine gute Möglichkeit bietet, Ängste und Vorbehalte gegenüber einer „fremden" Betreuungsperson abzubauen. Für jüngere Erkrankte, die sich im Anfangsstadium einer Demenz befinden, wurde eine spezielle Fördergruppe eingerichtet. Regelmäßig beschäftigt die Beratungsstelle im Rahmen einer Maßnahme der "Hilfe zur Arbeit" für ein Jahr Pflegehelferinnen. Deren vorrangige Aufgabe ist es, Angehörige in der häuslichen Umgebung zu vertreten. Mit der Betreuung soll gewährleistet werden, dass in Abwesenheit des Angehörigen der Kranke eine Beschäftigung hat und für eine sichere Umgebung gesorgt wird. Für dieses Angebot hat sich der Bedarf stark erhöht, sodass weitere Honorarkräfte für diesen Bereich eingestellt wurden. Hier zeigten sich erste Auswirkungen des PflEG. Nach Abschluß des Modellprojektes im September 2002 konnte die Arbeit der Beratungsstelle zwar für ein weiteres Jahr mit Hilfe der Stadt gesichert werden, führte aber zu einer Reduzierung der Mitarbeiterinnenanzahl auf 1 ½ Stellen.

Für die Gerontopsychiatrische Beratungsstelle ist nun mit der Qualifizierung und der Begleitung von LaienhelferInnen und der Beteiligung am Aufbau niedrigschwelliger Angebote eine Möglichkeit geschaffen, den Fortbestand der Arbeit sichern zu helfen. Durch die Erfahrung mit Betroffenen, Angehörigen und den Kenntnissen über die bestehende Versorgungslandschaft auf dem gerontopsychiatrischem Sektor kann sich diese hier positiv einbringen. Da für die Einsatztätigkeit der zukünftigen HelferInnen auch ein hohes Maß an Organisation und Koordination nötig ist, war es sinnvoll, den Fachbereich der Nachbarschaftshilfen in das neue Aufgabengebiet mit einzubeziehen. Dieser Fachbereich soll nachfolgend näher erläutert werden.

4.3 Die Nachbarschaftshilfen

Die Nachbarschaftshilfe Nord-West ist eine dieser Einrichtungen in der Stadt Braunschweig, die zum Teil bereits seit über 20 Jahren bestehen. Inzwischen konnte unter der Beteiligung verschiedener Träger ein flächendeckendes Netz an nachbarschaftlicher Hilfe hergestellt werden. Die Arbeit der Nachbarschaftshilfen zielt darauf ab, niedrigschwellige und präventive Hilfsangebote aufzubauen. Ein Schwerpunkt liegt in der Unterstützung im hauswirtschaftlichen Bereich. Mit diesem Angebot soll älteren und jüngeren, kranken und behinderten Menschen der Verbleib in der Häuslichkeit ermöglicht werden. Durch den Einsatz von LaienhelferInnen, die gegen eine Aufwandsentschädigung von derzeit 6,15 Euro/Stunde tätig werden, kann eine Verbesserung der Lebenssituation von hilfebedürftigen Menschen in der Gemeinde hergestellt werden. Personell sind die Nachbarschaftshilfen mit je einer Sozialarbeiterstelle besetzt, die koordinierende Aufgaben zur Vermittlung von HelferInnen und Hilfesuchenden übernimmt. Durch gezielte Öffentlichkeitsarbeit leisten die MitarbeiterInnen gemeinwesensorientierte Arbeit.

Da mit den Nachbarschaftshilfen bereits langjährige Erfahrungen im Bereich der ehrenamtlichen Hilfe in der häuslichen Umgebung älterer Menschen gemacht werden konnten, wurde hier ein optimaler Ausgangspunkt für die Rekrutierung von LaienhelferInnen und der Organisation der Einsätze dieser HelferInnen in der Dementenbetreuung gesehen. In den Reihen der NachbarschaftshelferInnen finden sich bereits eine Vielzahl erfahrener und verläßlicher Menschen, die für eine denkbare Aufgabe in der Dementenbetreuung interessiert werden konnten. In Punkt 7.3 wird auf die Arbeitsweisen der Nachbarschaftshilfen detaillierter eingegangen werden, da sich hier relevante Ergebnisse für die weitere Koordination mit den HelferInnen ergeben haben.

4.4 Konzept der Niedrigschwelligen Betreuungsangebote

Wie bereits im Kapitel 3.2.2 angesprochen, ist für Einrichtungen, die die Anerkennung ihres Projektes im Bereich der Entwicklung neuer niedrigschwelliger Betreuungsangebote erlangen wollen, die Erstellung eines Qualitätskonzeptes notwendig. So wurde von „ambet“ nachfolgendes Konzept erarbeitet, welches hier in einer kurzen Zusammenfassung vorgestellt werden soll. (vgl. Anhang II a)

Vorrangiges Ziel ist es, für die Entlastung der pflegenden Angehörigen zu sorgen und damit dem Aufrechterhalt der Pflegebereitschaft beizutragen. Hierzu werden zwei Formen vorgeschlagen:

a. <u>Einzelbetreuung demenzkranker Menschen:</u> Durch qualifizierte LaienhelferInnen kann hier für Angehörige eine stundenweise Entlastung, die sich sonst permanent in höchst belastenden und isolierend wirkenden Situationen befinden, hergestellt werden. Durch die Einsätze der HelferInnen werden die individuellen Bedürfnisse und Wünsche der Angehörigen berücksichtigt und möglichst flexibel gehandhabt. Die HelferInnen werden in ihre Aufgaben durch eine sozialpädagogische Fachkraft der Nachbarschaftshilfen eingeführt, die auch für die Vermittlung und Organisation zuständig ist. Eine Fachkraft der Gerontopsychiatrischen Beratungsstelle leitet an in Form von Fallbesprechungsgruppen. Nach Ablauf von sechs Treffen ist es geplant, dass diese Aufgabe von den Koordinatorinnen der NH übernommen wird. Für ihre Aufwendungen erhalten die HelferInnen eine Entschädigung von 8,50 Euro pro Stunde. Hierin enthalten sind die Fahrt- bzw. eventuell entstehende Telefonkosten, sowie die Aufwendungen für die vorbereitende, verpflichtende Schulung und die praxisbegleitenden Veranstaltungen.
b. <u>Betreuungsgruppen für demenzkranke Menschen:</u> Neben der eher individuell ausgerichteten Einzelbetreuung in der eigenen Häuslichkeit bietet die Betreuung in Gruppen für Demenzkranke die Möglichkeit einer sozialen Aktivierung. Hier sollen Menschen

angesprochen werden, die aufgrund ihres Krankheitsbildes gruppenfähig und –willig sind. Auch hier wird eine Entlastung der pflegenden Angehörigen durch eine qualifizierte Betreuung sichergestellt. Zusätzlich können die sozialen Kompetenzen der TeilnehmerInnen gestärkt und dem Wunsch nach Gemeinschaft entsprochen werden. Angebote in dieser Form sollen einmal wöchentlich für drei Stunden zur Verfügung stehen. Zur Durchführung der Gruppenarbeit sollen auch hier wieder geschulte LaienhelferInnen eingesetzt werden. Das Betreuungsverhältnis sollte im optimalen Fall bei 1:1 liegen, kann aber auch auf ein Verhältnis 2:1 ausgeweitet werden. Die HelferInnen erhalten für die Tätigkeit in den Gruppen eine Aufwandsentschädigung von 6-8 Euro in der Stunde. Für die Anleitung und Begleitung ist hier ebenfalls eine Fachkraft der Gerontopsychiatrischen Beratungsstelle zuständig, für Aufbau und Organisation der Betreuungsgruppen die Fachkraft der Nachbarschaftshilfen.

4.5. Qualifizierung der LaienhelferInnen

Die Betreuung von gerontopsychiatrisch veränderten Menschen erfordert besondere Kenntnisse und Fähigkeiten. Die HelferInnen werden auf ihre zukünftigen Tätigkeiten in der Einzel- oder Gruppenbetreuung durch eine theoretische Schulung von 20 Stunden vorbereitet. Dieser zeitliche Rahmen ist vom Gesetzgeber vorgegeben; die Teilnahme an der Qualifizierungsmaßnahme verpflichtend. Ohne diese erhalten die TeilnehmerInnen kein Zertifikat und ohne dieses besteht keine Möglichkeit Betreuungsleistungen nach § 45b abzurechnen. Für die HelferInnen besteht nach der theoretischen Schulung und mit Beginn der Einsatztätigkeit die Möglichkeit an praxisbegleitenden Supervisionsrunden teilzunehmen. Diese begleitende Unterstützung und Anleitung ist gerade für ehrenamtlich tätige HelferInnen dringend erforderlich, um die zum Teil doch recht belastenden und schwierigen Situationen in der Betreuung sowie im Umgang mit den Betroffenen einschätzen und verarbeiten zu können. Der Verein „ambet" bietet für ehrenamtlich Interessierte seit Februar

2003 Schulungen an, die diese auf ihre verantwortungsvolle Aufgabe vorbereiten. Hier wird sich an dem Konzept der Nürnberger Angehörigenberatung[9] orientiert, allerdings wurde der zeitliche Rahmen für den theoretischen Teil auf 20 Stunden gekürzt. Dies begründet sich darin, dass in den Ausführungsbestimmungen des Landes Niedersachsen diese Mindeststundenzahl vorgegeben wurde und Projektfördermittel höchstwahrscheinlich auch nur für diesen Zeitrahmen erstattet werden. Die Schulungen finden an zwei Wochenenden statt und zwar freitags in der Zeit von 15.00 Uhr – 18.30 Uhr und am Samstag in der Zeit von 10.00 bis 16.00 Uhr.

Themen, die in dieser Zeit angesprochen werden sind:

- Einführung, Kennenlernen 0,5 Stunden
- Krankheitsbild, Diagnose, Medikamente 2,0 Stunden
- Sozialrechtliche Rahmenbedingungen 2,0 Stunden
- Symptome und Erklärungsansätze 1,5 Stunden
- Situation der pflegenden Angehörigen 1,0 Stunden
- Gestaltung der Angehörigenkontakte 1,0 Stunden
- Entlastungsmöglichkeiten für Angehörige 1,0 Stunden
- Grundfertigkeiten für den pflegerischen Umgang 2,0 Stunden
- Handlungshilfen zum Umgang 3,0 Stunden
- Basiswissen für die Tagesstrukturierung 1,0 Stunden
- Ernährungsprobleme bei Demenz 1,0 Stunden
- Gruppenarbeit/Gespräche mit Demenzkranken 3,0 Stunden
- Abschluß und Reflexion 1,0 Stunden

(vgl. hierzu Anhang II b)

Nach der theoretischen Schulung schließt eine sechsmalige Praxiseinheit an. Die TeilnehmerInnen verpflichten sich diese mindestens fünfmal zu besuchen. Die Schulung schließt ab mit dem Erhalt eines Zertifikats, welches den HelferInnen die Erlaubnis und Befähigung gibt, Betreuungen nach § 45 SGB XI durchzuführen, die

[9] Das Curriculum zum Aufbau von HelferInnenkreise der Angehörigenberatung Nürnberg wird in Kapitel 7.3.1 näher vorgestellt und erläutert.

dann auch von dem Pflegebedürftigen aus dem 460 Euro-Budget des PflEG erstattet werden können.

5. Gegenstand und erkenntnisleitende Fragestellungen

In diesem Kapitel werden die für die Begleituntersuchung und zur Exploration dienlichen Fragestellungen in komplexer Art dargestellt. Gegenstand ist in diesem Kontext:

> **„Die Bedeutsamkeit von Qualifizierungsmaßnahmen für LaienhelferInnen im Bereich der Dementenbetreuung"**

Mit der empirischen Untersuchung werden verschiedene Fokussierungen auf Ebenen und Perspektiven der Betrachtung gelenkt, um ein möglichst tiefes und breites Erkenntnisfeld zu gewinnen. Folgende Sichtweisen werden hierfür angewendet: Zum einem der Blick auf die direkt am Geschehen Beteiligten, also den Menschen, die ihre Hilfe anbieten und denen, die um diese Hilfe nachfragen. Zum anderen der Blick auf den Träger dieser Qualifizierungsmaßnahmen als Organisator der Einsatztätigkeiten, in diesem Falle „ambet e. V.".

An dieser Stelle erscheint der Hinweis wichtig, dass das Projekt erst am Anfang der Durchführung steht. Die erste Schulung hat im Februar 2003 begonnen, weitere Qualifizierungsmaßnahmen sind in Planung. Die erste praxisbegleitende Fortbildung und Supervision ist für Mitte Juni anvisiert. Empfehlungen für Verbesserungen können aus diesem Grund nur begrenzt abgegeben werden. Für die Untersuchung konnten aus den Vorüberlegungen heraus fünf wichtige Fragenkomplexe entwickelt werden.

a. LaienhelferInnen: Mit Blick auf die Literatur kann, wie eine Fülle an empirischen Untersuchungen deutlich macht, festgestellt werden, dass ein hohes Potential an ehrenamtlich Interessierten vorhanden ist, welches bereit ist, sich auch im Bereich der Altenpflege und speziell in der Betreuung demenzkranker Menschen zu engagieren. Im Kontext der Untersuchung soll resultierend daraus den Fragen nachgegangen werden:

- **Welche Motive und Beweggründe haben die SchulungsteilnehmerInnen bei "ambet e. V."?**
- **Was erwarten sie von ihrer zukünftigen Tätigkeit?**
- **Wie beurteilen sie die von ihnen besuchte Qualifizierungsmaßnahme?**

b. Betroffene, bzw. diese vertreten durch ihre pflegenden Angehörigen: Wie bereits im Vorfeld erläutert wurde, haben Demenzkranke den Wunsch nach einer alltagsnahen, personenzentrierten Unterstützung in ihrer häuslichen Umgebung. Pflegende Angehörige haben das Bedürfnis von ihrer schweren und oftmals 24-Stunden dauernden Pflegetätigkeit auf physischer und psychischer Ebene entlastet zu werden. Für die Betreuungsangebote, die von „ambet e. V." geschaffen werden sollen, stellt sich die Frage:

- **Wie kann durch den Einsatz von LaienhelferInnen die Lebensqualität betroffener Demenzkranker verbessert werden?**
- **Welche Erwartungen und Bedürfnisse haben pflegende Angehörige an ehrenamtlich eingesetzte LaienhelferInnen?**

c. Qualifizierungsmaßnahme: Für das Umgehen mit dementiell Erkrankten sind spezielle Kenntnisse und Fähigkeiten nötig. Es kann davon ausgegangen werden, dass es im Bereich der Erwachsenenbildung zu einer differenzierten Vorgehensweise in Weiterbildungsmaßnahmen kommen muss, um von einem erfolgreichen Abschluss ausgehen zu können. Deshalb soll dieser Teil der Untersuchung auch dazu dienen, den beteiligten ReferentInnen von „ambet" Reflexionshilfen für die weiteren Schulungsmaßnahmen zu geben. Vor diesem Hintergrund wurden hierfür drei Fragestellungen entwickelt:

- **Welche Themen, Methoden und didaktischen Mittel wurden eingesetzt?**

- **Wie waren die Rahmenbedingungen räumlicher, atmosphärischer und zeitlicher Natur?**
- **Welche Bedingungen sollten gestellt werden an Curricula zur Ausbildung von HelferInnen in der Betreuung Demenzkranker zur Entlastung pflegender Angehöriger?**

d. Organisation und Koordination der Einsatztätigkeiten: Im Bereich der Begleitung und Betreuung von ehrenamtlichen Kräften hat ein Paradigmenwechsel stattgefunden. Auf diesen sollten Träger sozialer Dienstleistungen explizit eingehen. Im gesamtpolitischen Kontext können, wie die theoretischen Erkenntnisse gezeigt haben, bereits strukturelle Rahmenbedingungen hierfür vorgehalten werden. Für den Fachbereich, der bei "ambet e. V." mit der Organisation und Koordination von Ehrenamtlichen betraut ist, ergeben sich in diesem Zusammenhang zwei Fragestellungen:

- **Wie können Rahmenbedingungen für ehrenamtlich Tätige von seiten der Einrichtung gewährleistet werden?**
- **Welche Gestaltungselemente werden benötigt, um für ehrenamtliche HelferInnen eine „Kultur des Helfens" spürbar werden zu lassen**?

e. Kostenträger und Gesetzgeber: Abschließend wird der Versuch unternommen, anhand der getroffenen Ergebnisse und den daraus resultierenden Empfehlungen, Anbietern von niedrigschwelligen Betreuungsangeboten, wie z. B. „ambet" in Braunschweig, Argumentationshilfen gegenüber Kostenträgern und gesetzlichen Entscheidungsträgern zu geben, wenn es darum geht, die Rahmenbedingungen finanzieller, personeller und struktureller Art für die Leistungen der §§ 45 a-c SGB XI zu verändern bzw. zu verbessern.

6. Methoden der Untersuchung

Mit der vorliegenden Untersuchung wird sich mit Hilfe qualitativer sowie quantitativer Untersuchungsmethoden im Sinne einer Handlungs- bzw. Praxisforschung einem Forschungsfeld genähert, welches in wissenschaftlichen Studien noch relatives Neuland darstellt. Empirische Studien, die zu einem Vergleich hätten herangezogen werden können, fehlen bisher.

Für eine erste Annäherung an das Thema wurden über Literaturrecherchen zu den Themenkomplexen "Bürgerschaftliches Engagement im Altenhilfesektor" und "Demenz mit seinen speziellen Problematiken" Informationen eingeholt, um hiermit Ausschnitte aus der Realität und Handlungsvollzüge aus der bestehenden Praxis zu dokumentieren. Über das Internet wurden Hinweise über bereits bestehende Projekte von Angeboten zur Entlastung pflegender Angehöriger gesammelt. Nach dieser ersten Explorationsphase wurde schnell deutlich, dass zur Thematik „Ehrenamtliche Begleitung in der Dementenbetreuung" nur wenig wissenschaftliches Material vorliegt. Aus diesem Grund wird die vorliegende Untersuchung vorrangig explorativen Charakter haben. Nach Lamnek ist der "Zweck einer solchen Exploration für den, (...), Sozialforscher, zu einem klareren Verständnis des noch weiter zu untersuchenden Problems zu kommen." (LAMNEK, 1995, S. 10) Zudem besteht die Möglichkeit bei Problemfeldern, die noch nicht ausreichend erforscht sind oder über die vorwiegend deskriptive Untersuchungen vorliegen, die Exploration als „zielgerichtete Suche nach der Erkenntnis eines Objekts" (FRIEDRICH, 1990, S. 122) zu nutzen.

Als Forschungsdesign für die Untersuchung wurde ein Mix aus qualitativen Forschungsmethoden gewählt wie dem Interview, der teilnehmenden Beobachtung und einer Analyse bereits bestehender Praxisprojekte, die der Exploration des Forschungsgegenstandes dienten. Mit der Deskription des derzeitigen Projektstandes konnten erste Erkenntnisse gewonnen werden. Daraus resultierend kam es zur Entwicklung eines standardisierten Fragebogens, da, wie es LAMNEK betont „auch vom quantitativen Sozialforscher qualitative Methoden, (...), zum Zwecke der Exploration, (...), zur Illustration, zur Plausibilisierung, mithin auch zur Absicherung ihrer quantitativen Daten" (LAMNEK in: HOFFMEYER-ZLOTNIK, 1992, S. 17) verwendet werden können.

Wie bereits oben benannt, wurden die zum Einsatz gebrachten Methoden verwendet, um hiermit nach der Explorationsphase den Prozess der Handlungsforschung zu unterstützen. Diese verfolgt drei Ziele: Zum einem ein direktes Ansetzen an konkreten sozialen Problemen, zum zweiten eine praxisverändernde Umsetzung der Ergebnisse im Forschungsprozess und nicht zuletzt ein gleichberechtigter Diskurs zwischen Forscher und Betroffenen (vgl. MAYRING, 2002, S. 51). Bei der Handlungsforschung beginnt der Forscher immer mit einer Problem- und Zieldefinition und pendelt sich im Forschungsverlauf zwischen Informationssammlung, Diskurs mit den Betroffenen und praktischen Handlungen ein. Handlungsforschung wird immer dann angewendet, wenn konkrete Probleme in der Praxis entstehen und hier Veränderungsmöglichkeiten erarbeitet werden sollen. (vgl. MAYRING, 2002, S. 53) In der vorliegenden Untersuchung konnte für den Verein „ambet“, der mit seinem „neuen“ Projekt der „Initiierung und Vernetzung von niedrigschwelligen Angeboten“ Neuland in der Qualifizierung von LaienhelferInnen betreten hat, durch den Ansatz der Handlungsforschung erste Reflexionshilfen mit auf den Weg gegeben werden. Hierzu war es zu Beginn nötig sich ein Bild über den Forschungsstand und die derzeitige Versorgung durch ähnlich konzeptierte Projekte innerhalb Deutschlands zu verschaffen.

6.1 Beschreibung bereits bestehender Projekte

Durch intensive Internetrecherchen sowie durch telefonische und persönliche Kontaktaufnahme konnten bereits bestehende Projekte zur

Angehörigenentlastung in den unterschiedlichsten Regionen Deutschlands ausgemacht werden. Die meisten Einrichtungen und Dienste hatten aber nur wenig brauchbares, schriftliches Material hinsichtlich Konzeption, Schulungscurricula und statistischen Nachweisen. Hierdurch zeigt sich noch einmal, dass auf dem Gebiet der Entlastungsangebote für pflegende Angehörige bisher aus wissenschaftlicher Sicht bisher nur ein geringes Forschungsinteresse vorhanden war, beziehungsweise der Bedarf hierfür noch nicht erkannt wurde. Lediglich die Projekte aus Nürnberg, Münster und Daaden-Herdorf konnten für die Untersuchung genügend schriftliche Unterlagen anbieten, um anhand dieser nachfolgend eine deskriptive Darlegung vornehmen zu können. "Best-practise" Erkenntnisse anderer Einrichtungen können somit eventuell für den Verein "ambet" nutzbar gemacht werden, schaffen aber für die vorliegende Untersuchung auch den Anreiz Veränderungs- und Verbesserungsempfehlungen zu entwickeln. Nach dieser ersten Explorationsphase wurde es nachfolgend als notwendig angesehen, mit Hilfe des Wissens von „Experten" aus der Region Braunschweig sich einen Überblick über die derzeitige Lage zur gerontopsychiatrischen Versorgung zu verschaffen.

6.2 Problemzentrierte Interviews

Nach Lamnek gilt für problemzentrierte Interviews, dass diese in eine Methodenkombination eingebettet sind. Der Problemstellung hat sich der Forscher zwar bereits im Vorfeld theoretisch angenähert und die wichtigsten Aspekte hierfür in einem Leitfaden aufgenommen, er bleibt jedoch offen für sich neu entwickelnde Perspektiven. (vgl. LAMNEK,1995b, S. 78) Grundgedanke problemzentrierter Interviews ist es mit Hilfe der Forschung an konkreten gesellschaftlichen Problemen anzusetzen. Unter Verwendung eines Interviewleitfadens wird der Befragte zwar auf bestimmte Fragestellungen hingelenkt, soll aber offen ohne Antwortvorgaben darauf reagieren können.

In vorliegender Untersuchung dienten die Interviews vor allen Dingen der deskriptiven Erfassung von Wissensbeständen von Befragten bzw.

Experten zu dieser Thematik (vgl. Lamnek, 1995 b, S. 392). Diese "Experten" kamen aus den nachfolgenden Bereichen:

a. Mitarbeiterin der Gerontopsychiatrischen Beratungsstelle bei "ambet" e. V.
b. Mitarbeiterin der Nachbarschaftshilfen Nord-West bei "ambet" e. V.
c. Pflegende Angehörige eines Demenzerkrankten
d. Mitarbeiterinnen des Projektes "LichtBlick" des Alexianer Krankenhauses, Münster[10]

Für alle Interviews wurde ein Leitfaden (siehe Anhang III a) entwickelt, der hilfreich war, um alle wichtigen Aspekte der Materie anzusprechen. Die Gespräche wurden per Tonband aufgenommen, im Anschluß daran transkribiert und paraphrasiert (siehe Anlage III b). Paraphrasierungen können dazu dienen, dass "Material zu bestimmten Inhaltsbereichen extrahiert und zusammengefaßt werden kann". (MAYRING in: LAMNEK, 1995b, S. 213) Die Paraphrasierungen in der Untersuchung wurden eingesetzt, um eine Beschreibung des derzeitigen Projektstandes bei "ambet e. V." vorzunehmen und Sichtweisen und Perspektiven der unterschiedlichen Akteure aufzuzeigen. Aus diesem Grunde wurde hier auf Interpretationen verzichtet.

6.3 Teilnehmende Beobachtung

Nach Mayring finden wir hier eine Methode vor, die es dem Forscher möglich macht, in großer Nähe zum erforschenden Gegenstand Erkenntnisse zu gewinnen. Die Anwendung von teilnehmender Beobachtung eignet sich besonders, wenn „der Gegenstand in soziale Situationen eingebettet ist, der Gegenstand von außen schwer einsehbar ist und die Fragestellung eher explorativen Charakter hat" (Mayring, 2002, S.83). Es kann sich hier also um soziale Situationen handeln, die in der Forschung noch relatives Neuland darstellen. Für die teilnehmende Beobachtung wurde ein Beobachtungsleitfaden entwickelt (siehe Anlage III c), um die Qualifizierungsmaßnahme aus verschiedenen Perspektiven zu beleuchten. Dabei spielten folgende inhaltliche Aspekte eine wichtige Rolle: Die TeilnehmerInnen im sozialen Feld, die Interaktionen der TeilnehmerInnen und die Beschreibung von sozialen Situationen (vgl. LAMNEK, 1995b, S. 302). Beobachtungszeitraum war während des ersten Schulungsblocks am 28.02/01.03.03 und 28.03./29.03.03. Während dieser Zeit wurde handschriftlich protokolliert und anschließend maschinenschriftlich und chronologisch wiedergegeben. Inhalte des Protokolls wurden mit Hilfe des Leitfadens nach Beobachtungskriterien strukturiert und paraphrasiert. (Anhang III d) Die Paraphrasierung dient dazu, gemeinsam mit Hilfe der gewonnenen Daten aus dem Fragebogen zukünftige Handlungsweisen zu reflektieren und Empfehlungen aussprechen zu können. Die Teilnehmende Beobachtung hat somit einen ergänzenden Charakter zu den Interpretationen der Ergebnisse des Fragebogens, der gezwungenermaßen durch seine standardisierte Form teilweise relativ undifferenzierte Aussagen hervorbringt.

6.4 Fragebogen

Mit dem Erkenntnisgewinn aus den qualitativen Untersuchungseinheiten war es möglich, einen standardisierten Fragebogen zu entwickeln. Nach FRIEDRICHS arbeitet man mit schriftlichen Befragungen, wenn aus Zeit- und Kostengründen mündliche Befragungen nicht möglich sind. Das Instrument des Fragebogens muss gut durchdacht sein, die Frageformulierungen müssen klar und verständlich gehalten sein. Die meisten Fragen sollten in geschlossener Form vorliegen, dennoch haben offene Fragen einen hohen Stellenwert, da sie dem Befragten die Möglichkeit geben, ausführlichere Aussagen zu einzelnen Fragestellungen abzugeben. (vgl. FRIEDRICHS, 1990, S. 237f).

Mit Abschluss der Untersuchung soll dem Verein "ambet" durch die Bereitstellung eines Fragebogens ein Hilfsmittel an die Hand gegeben werden, um weitere Schulungsmaßnahmen reflektieren und evaluieren zu können. Zu Beginn stand die Entwicklung eines Pre-Tests-Fragebogen. Dieser wurde während der ersten Schulungseinheit

[10] Dieses Interview wurde geführt, damit zusätzlich erworbene Informationen aus

erprobt und ausgewertet. Ein Rücklauf von 40% machte deutlich, dass hier, um eine Erhöhung desselben bei zukünftigen Befragungen sicherzustellen, eine andere Form gewählt werden sollte. Dies hatte zur Konsequenz, dass der "modifizierte" Fragebogen (siehe Anlage III e) während der Schulungseinheiten ausgegeben und direkt vor Ort von den TeilnehmerInnen ausgefüllt wurde. Desweiteren zeigte sich, dass Fragestellungen mit offenem Antwortcharakter wenig bis gar nicht beantwortet wurden. Dies führte in der Folge zu einer Modifizierung des Fragebogenaufbaus mit vorrangig geschlossenen Fragen. Zudem wurden weitere Fragen in den Katalog mit aufgenommen, die für das Projekt bei "ambet" interessant erscheinen. Das Interesse an der Fragestellung bezieht sich auf drei Bereiche: der Abfrage nach den soziodemografischen Merkmalen der SchulungsteilnehmerInnen, dem Feststellen von Motivationslagen für das Engagement und schließlich der Beurteilung und Wirksamkeit der eigentlichen Schulungsmaßnahme.

Die Auswertung der Fragebögen wurde mit Hilfe einer Excel-Tabelle vorgenommen. Die Interpretationen der Ergebnisse machen es möglich, die Akzeptanz von Qualifizierungsmaßnahmen aus Sicht der TeilnehmerInnen erkennbar zu machen. Zudem bieten sie die Gelegenheit realistische Handlungsempfehlungen für die Zukunft aussprechen zu können.

6.5 Methodenkritik

An dieser Stelle soll der Hinweis erfolgen, dass die Untersuchung, die im Sinne einer Handlungsforschung angelegt ist, stark von explorativen und deskribtiven Phasen gekennzeichnet ist. Da sich das Projekt innerhalb der Einrichtung im Aufbau befindet, kam es während des Untersuchungszeitraumes immer wieder zu neuen Entwicklungen. Aussagekräftige Interpretationen können deshalb nur im vagen Umfang getroffen werden. Zudem fehlten bzw. fehlen immer noch konkrete gesetzliche Vorgaben, die der Einrichtung "ambet" klare

---

einem vergleichbaren Projekt mit in die Arbeit einfließen konnten

Handlungsanweisungen und Strukturen vorgeben. Hinzu kommt noch, dass es die zeitliche Begrenzung für die Fertigstellung der Arbeit erforderlich machte, viele Forschungsschritte nicht linear vornehmen zu können, sondern notwendigerweise den Forschungsprozess parallel zu gestalten. Dies hatte zur Konsequenz, dass während des Untersuchungszeitraums die Wirksamkeit von Qualifizierungsmaßnahmen nicht abschließend evaluiert werden konnte. Die für die Maßnahme sehr wichtige Paxisbegleitung konnte nur ansatzweise mit aufgenommen werden. Daraus resultiert, dass über die praktischen Erfahrungen der TeilnehmerInnen keine weitreichenden Aussagen getroffen werden können.

Ein weiterer Kritikpunkt an der eigenen Vorgehensweise liegt darin begründet, dass sich durch die eigene theoretische Weiterentwicklung immer wieder neue Fragestellungen ergaben, die für das Thema auch als relevant erachtet hätten werden können.

So wurde am Ende deutlich, dass die Untersuchung mit Sicherheit erste wichtige Erkenntnisse und Ergebnisse hervorgebracht hat, aber es wohl keine vollständigen Analysen geben kann. Diese „Enttäuschung" die sich beim Forscher einstellen kann, läßt sich überspitzt in Halcom´s Gesetzen der Evaluationsforschung à la Murphy wiedergeben:

„In dem Moment, in dem die Datenerhebung beendet ist, die Materialien eingepackt sind und das Feld verlassen wird, wird der Forscher eine bemerkenswert klare Einsicht in jene Aktivität haben, die er hätte erheben wollen,(...), die er aber nicht erhoben hat.

In dem Moment, in dem die Datenanalyse beginnt, kommt es dem Forscher deutlich zu Bewußtsein, daß er die wichtigsten Teile der benötigten Informationen nicht erhoben hat und daß ohne diese Informationen absolut keine Hoffnung besteht, einen Sinn aus dem Erhobenen herauszulesen." (PATTON in: HOFFMEYER-ZLOTNIK, 1992, S. 3)

7. Darstellung und Interpretation der Ergebnisse

Nachfolgendes Kapitel soll genutzt werden, um im ersten Teil die Ergebnisse der Experteninterviews darzustellen. Anschließend erfolgt eine Beschreibung von Projekten, die von ihrer Konzeption ähnlich derer in Braunschweig ist. Zum Abschluss werden die Auswertungen des Fragebogens und der Teilnehmenden Beobachtung präsentiert.

7.1 Experteninterviews

Anhand der Fragestellungen aus den Interviewleitfäden (siehe Anhang III a) ergeben sich Unterkategorien, die in der Darstellung der einzelnen Punkte die Themenschwerpunkte bilden. Es handelt sich hier ausschließlich um direkte Aussagen aus den Interviews und indirekte paraphrasierende Äußerungen der Experten zu den einzelnen Themenkomplexen. Durch die unterschiedlichen Sichtweisen und Perspektiven der Befragten kann ein umfangreicher Forschungsstand dargelegt werden.

7.1.1 Gerontopsychiatrische Beratungsstelle

- Pflegeleistungsergänzungsgesetz

Das PflEG hat, wie es ja auch geplant war, für Angehörige vorrangig positive Aspekte. Hiermit ergibt sich die Möglichkeit, für entlastende Angebote im Erstattungsprinzip abrechnen zu können. Allerdings gibt es für Angehörige und Betroffene bis jetzt, nach über einem Jahr, immer noch kaum Gelegenheiten, diese Leistungen in Anspruch zu nehmen, da es in Braunschweig hierfür nur bedingt Versorgungsstrukturen gibt. Trägern und Anbietern solcher niedrigschwelliger Angebote werden von seiten der Verwaltung noch viele Hemmnisse in den Weg gelegt, da es auch gerade in Niedersachsen, im Unterschied zu anderen Bundesländern, sehr lange gedauert hat, bis eine Verordnung über die näheren Ausformulierungen zum Gesetz erlassen wurden. Um neue Versorgungsstrukturen aufbauen zu können, ist es nötig, hierfür auch monetäre Mittel zur Verfügung zu stellen, was bis jetzt aber noch nicht der Fall ist.

„Aber auch da mahlen die Mühlen recht langsam, weil wir haben ja schon mit der Schulung angefangen, aber es ist nach wie vor, gibt's noch keine Zusage, ob wir auch tatsächlich Fördermittel erhalten." (Interview GB: Z 27-30)

„Es werden zwar so vage Äußerungen gemacht, aber es gibt keine Absicherung." (Interview GB: Z 41-42)

Entlastungsangebote, die vorrangig für Angehörige geschaffen wurden, haben aber auch für die Betroffenen ihren positiven Aspekt. Einmal weil sie aus der Isolation der häuslichen Umgebung einen anderen Zugang zur Welt bekommen, und zum anderen, weil ihnen durch den Umgang mit anderen Erkrankten ein verändertes Erleben ihrer Person ermöglicht wird.

„Und es ist auch eine Möglichkeit, von dieser totalen Abhängigkeit von diesen Angehörigen, also eine Zeitlang entlastet zu sein, (...), Und durch diese Außer-Aus-Haus-Betreuung, also durch diese von anderen Personen wahrgenommene Betreuung, schafft das auch eine Erleichterung für den Erkrankten." (Interview GB: Z 62-69)

Aus Sicht der Betroffenen, Angehörigen und der anbietenden Dienstleister bietet jedoch der finanzielle Anreiz in Höhe von 460 Euro/Jahr nur einen minimalen Ausgleich.

„Also insofern, es ist mehr als nichts, aber es natürlich in keinster Weise eine ausreichende Investition oder finanzielle Gabe." (Interview GB: Z 338-340)

Für Träger bietet jedoch die Möglichkeit der Projektförderung einen positiven Aspekt, da hierdurch, für die Schaffung und Initiierung innovativer Versorgungsstrukturen Anschubfinanzierungen geleistet werden können.

➢ <u>Versorgungsstrukturen</u>

Wie bereits erwähnt wurde, ist eine gerontopsychiatrische Versorgungslandschaft in der Region Braunschweig nur in unzureichendem Maße vorhanden.

„Ansonsten sind diese niedrigschwelligen Angebote so flächendeckend, wie man das aus Baden-Württemberg kennt zum Beispiel hier nicht vorhanden. Das ist ja eher das Ziel der Zukunft, also das hier einzurichten und was aus unserer Sicht da für notwendig erachtet wird ist, dass solche Betreuungsgruppen an verschiedenen

> Stellen angeboten werden. Das heißt, möglichst wohnortnah." (Interview GB: Z 103-108)

Aber durch den sozialen Dienstleister "ambet" konnte zumindest für den städtischen Bereich ein recht respektables Angebot für gerontopsychiatrisch erkrankte Menschen und ihre Angehörigen geschaffen werden.

> „Also wir haben über „ambet“ ja schon seit 87 Gesprächskreise für Angehörige, wobei wir da zielgruppenorientiert arbeiten. Einmal ein Gesprächskreis für Partner und einmal ein Gesprächskreis für Töchter und Schwiegertöchter. Wir konnten, seit wir das Bundesmodellprojekt vom Bundesministerium hatten, konnten wir parallel zu diesen Gesprächskreisen Betreuungsgruppen anbieten.“ (Interview GB: Z 79-84)

Aus Sicht der GB ist aber die Unterstützung durch Kommunen und der Verwaltung nur in begrenztem Umfang gewährleistet.

> „Was mühsam ist, nach wie vor und ich mir einfach wünschen würde, dass wäre, dass wir die Finanzierung dieser Tätigkeiten nicht jedes Mal so mit ganz viel Energie erkämpfen müssen, (...)“ (Interview GB: Z 360-362)
>
> „Aber finanziell ist es halt mühsam, da etwas hinzukriegen. Also das ist im Grunde das dickste Fragezeichen, was uns auch am dollsten belastet.“ (Interview GB: Z 369-371)

➢ <u>HelferInnen</u>

Um in diesem Bereich mit dem Begriff der "Laienhilfe" umzugehen, muss eine deutliche Definition vorgenommen werden.

> „Die HelferInnen sollen ja Laienhelfer sein und auch bleiben. Auch wenn sie jetzt über das vorgeschriebene Gesetz bestimmte Schulung erhalten, muss man aber ganz klar sehen, dass wir auch über die Schulung keine professionellen Helfer dadurch kriegen. Sondern es bleiben geschulte Laienhelfer.“ (Interview GB: Z 139-143)

Wichtig ist für die Mitarbeiterinnen der GB auch, dass durch den Einsatz von LaienhelferInnen eine klare Abgrenzung zur professionellen Arbeit vorgenommen wird.

> „Aber da würde ich dann schon die Abgrenzung sehen, es ist keine zielgerichtete, geplante therapeutische Einheit. Sondern es ist ne Betreuungssituation, wo jemand durch die Präsenz eben erstmal die

> Präsenz des Angehörigen nicht notwendig macht." (Interview GB: Z 186-189)

Zu Schnittstellenproblematiken zwischen LaienhelferInnen und Professionellen kann es immer wieder kommen. Dieses geschieht immer wieder, wenn sich Veränderungen und Entwicklungen in gewissen Bereichen ergeben.

> „...obwohl es auch so Befürchtungen gibt in diesem Bereich. Da könnte uns also was weggenommen werden in diesem Bereich. Die gibt's natürlich immer. Sobald sich was Neues auftut, kann man natürlich erstmal denken, aha, wenn die das jetzt machen, dann brauchen sie jetzt unsere Tätigkeit nicht mehr." (Interview GB: Z 215-218)

Diesen Problemen kann aber durchaus entgegengewirkt werden, wenn hauptamtlich leitende Kräfte ihre Aufgabe dahingehend wahrnehmen, bereits im Vorfeld ausreichend Aufklärungsarbeit zu leisten.

> „Wobei ich denke, je klarer dieses Profil deutlich gemacht wird, dass es sich um Laienhilfe handelt, desto schneller räumt man auch diese Befürchtungen wieder aus dem Weg." (Interview GB: Z 219-221)

➢ <u>Schulungsmaßnahme</u>

Die Mitarbeiterin der GB kann zum Zeitpunkt des Interviews noch keine weitreichenden Aussagen über die Schulungsmaßnahme treffen. Dennoch kann sie an dieser Stelle über ihre ersten Wahrnehmungen berichten.

> „...Ich hatte so eher das Gefühl, dass das Interesse, (...), durch diese Schulung noch einmal gewachsen ist. Auch zum Teil auch die Aufgabe klarer geworden ist, und der Eindruck bei der Gruppenarbeit war, (...) dass die schon sehr praxisorientiert waren und auch sehr lebendig in der Teilnahme." (Interview GB: Z 247-252)

Die Wichtigkeit einer Schulungsmaßnahme für HelferInnen in der Dementenbetreuung unterstreicht die Mitarbeiterin mit folgender Aussage:

> „...ich denke schon, es ist wichtig für HelferInnen ein Grundgerüst an theoretischen Kenntnissen zu haben, was das Krankheitsbild angeht, und was auch andere Dinge angeht, die um das Krankheitsbild herum auftreten." (Interview GB: Z 304-307)

Um gewisse Qualitätsstandards für Schulungsmaßnahmen einzuhalten, ist es nötig ein Zusammenspiel von theoretischen Lehrangeboten mit praktischen Erfahrungen herzustellen.

> „...wenn es jetzt um die Frage Standards geht, dazu wär es ja erforderlich, dass bestimmte Schulungscurricula miteinander abgestimmt oder abgeglichen würden. (...) Und das versuchen wir ein Stück soweit damit zu erfüllen, indem wir diese Praxisbegleitung als einen zweiten Baustein der Schulung mit anbieten, wo wir ja ganz konkret überprüfen können, können denn diese theoretischen Kenntnisse direkt von den HelferInnen in die Praxis umgesetzt werden." (Interview GB: Z 313-320)

7.1.2 Nachbarschaftshilfen

- Aufgaben

Die Aufgaben der Mitarbeiterin der Nachbarschaftshilfen liegen hauptsächlich in der Vermittlung von HelferInnen und Hilfesuchenden. Es werden Gespräche mit den Hilfesuchenden geführt. Desweiteren führt die Mitarbeiterin der NH Hausbesuche als Erstkontakte mit den HelferInnen durch, um hier die Aufgaben zu klären und um zu sehen, ob HelferIn und Hilfesuchende zusammenpassen. Ein weiterer Schwerpunkt der Tätigkeit liegt in der Öffentlichkeitsarbeit, um die Einrichtung der NH weiterhin in der Stadt bekannt zu machen, und auf diesem Wege auch wieder neue HelferInnen gewinnen zu können. Zudem bietet die Mitarbeiterin der NH eine Gruppe für alleinstehende und isoliert lebende ältere Menschen an.

- Pflegeleistungsergänzungsgesetz

Da das Projekt der Initiierung von niedrigschwelligen Betreuungsangeboten für die Mitarbeiterin der NH noch neu ist, kann sie hierüber noch keine weitergehenden Aussagen machen. Bisher hat sie im Rahmen der Nachbarschaftshilfenarbeit lediglich zu alleinstehenden Menschen Kontakt gehabt, die im Verlauf der Betreuung dement geworden sind. In ihren weiteren Ausführungen berichtet die Mitarbeiterin von ihren Erfahrungen innerhalb der Arbeit der NH.

- HelferInnen

Die Mitarbeiterin gibt an, dass sich im Laufe ihrer Tätigkeit bei den NH die Motive der HelferInnen für ein Engagement doch stark verändert haben. So kommen immer mehr Frauen, die aufgrund ihrer Lebenssituation an einer "echten" Arbeitsaufnahme interessiert sind. Von diesen wird die Tätigkeit bei den NH oftmals nur als Sprungbrett genutzt, sodass diese nur kurzfristig zur Verfügung stehen. Die Mitarbeiterin stellt jene Frauen aus diesem Grund nicht so gerne ein, sondern versucht Frauen zu finden, die sich nach den Kindererziehungszeiten engagieren wollen und sich in einer relativ gesicherten finanziellen Situation befinden. Frauen, die aufgrund ihres fortgeschrittenen Lebensalters ein hohes Maß an Erfahrungen mitbringen, werden von ihr bevorzugt vermittelt.

> „Ich bin auch dazu übergegangen, dass ich keine Leute mehr unter 20 nehme. Es fehlt einfach so an Lebenserfahrung, was für Senioren ganz wichtig ist. Dass sie einen geeigneten Ansprechpartner haben, Erfahrung im Haushalt ist bei denen auch nicht immer so angesagt.“ (Interview NH: Z 247-251)

Um für die Betreuung von Dementen geeignete HelferInnen zu finden, hat die Mitarbeiterin der NH den großen Vorteil gehabt, unter den bereits tätigen HelferInnen genügend AnsprechpartnerInnen zu haben.

> „Als erstes habe ich HelferInnen angesprochen, die sehr zuverlässig waren und auch so´n bißchen ein Einfühlungsvermögen haben für die Senioren, die auch ein bißchen ruhiger sind(...), sich auch viel anhören können, man muss ja auch belastbar sein.“ (Interview NH: Z 81-86)

Die Mitarbeiterin der NH erhofft sich, dass die HelferInnen durch die Schulungsmaßnahme zukünftig gestärkt in die Praxis gehen können, sodass sie sich hier ein Stück weit entbehrlich machen kann. Dies ist auch nötig, da sie ja auch ihr bisheriges Arbeitsgebiet weiterhin in einer guten Qualität bewältigen möchte.

> „Es ist aber so, dass ich hoffe, dass die Helfer dann selbständig die Kontakte zu den Senioren aufnehmen, weil ich denke, dass sie durch die Schulung doch so selbständig sind, dass sie dies tun können. Das wäre für mich eine große Arbeitserleichterung, weil das Projekt bezieht sich nicht nur auf diese Gegend und ich müsste da wer weiß wie weit fahren.“ (Interview NH: Z 44-49)

Im Bereich der Nachbarschaftshilfen gibt es immer wieder Probleme in der Zusammenarbeit mit anderen an der Betreuung beteiligten professionellen Kräften. Hier nimmt die Mitarbeiterin der NH eine

Anwaltschaftsfunktion für die HelferInnen ein und sorgt dafür, dass die Aufgabenbereiche der NH bei den professionellen Diensten klar definiert sind.

> „Es gibt ja auch Betreuungen, da ist inzwischen die Sozialstation tätig. Und ich hatte da auch schon Probleme gehabt mit manch einem privaten, hauptsächlich, Diensten. Die denn gesagt haben zu der Helferin, sagen Sie mal, Sie müssen jetzt aber hier sauber machen. (...) Und sie putzen hier nicht richtig. Und die kommen dann zu mir. Und das kann einfach nicht sein. Das ist auch die Aufgabe des Sozialdienstes, dass die sich um die Wäsche kümmern." (Interview NH: Z 408-414)

➢ <u>Hilfesuchende</u>

Mit den SeniorInnen wurde bis jetzt die Erfahrung gemacht, dass diese sich eine kontinuierliche, verläßliche Beziehung wünschen. Für sie ist es wichtig, dass sie über Veränderungen in der Betreuung und bei Verhinderung der HelferIn frühzeitig informiert werden. Auch über Kontakte von seiten der Mitarbeiterin der NH sind sie sehr angetan.

➢ <u>Rahmenbedingungen</u>

Die Rahmenbedingungen für HelferInnen der NH sehen so aus, dass sie von den Hilfesuchenden eine Aufwandsentschädigung von derzeit 6,15 Euro/Stunde erhalten. Ab dem 01.07.03 wird dieser Betrag auf 7 Euro/Stunde hochgesetzt. Für die HelferInnen, die demnächst in der Dementenbetreuung tätig sein werden, wird eine Aufwandsentschädigung von 8,50 Euro/Stunde verhandelt. Dies begründet sich darin, dass diese Arbeit doch anspruchsvoller ist und auch die Fahrwege eventuell weiter sein könnten. Für die Mitarbeiterin der NH ist es sehr wichtig eine "Kultur" für ehrenamtliche HelferInnen herzustellen. Dieses realisiert sie, indem sie diesen die Möglichkeit gibt, an den monatlichen HelferInnen-Treffen teilzunehmen oder sie ihnen ihre Wertschätzung durch Einladungen zu gemeinsamen Essen oder Ausflügen entgegenbringt. Desweiteren ist sie auch immer wieder für die HelferInnen als Gesprächspartnerin präsent. Hierfür können persönliche Probleme ausschlaggebend sein, aber auch Schwierigkeiten, die sich in den betreuten Haushalten ergeben. Um mit belastenden Situationen in Betreuungen umgehen zu können, hält die

Mitarbeiterin auch Fortbildungen für recht sinnvoll

> „Dass man die auch qualifiziert, dafür die HelferInnentreffen und die Fortbildungen, die die Stadt Braunschweig anbietet, kostenlos. Das ist für manche auch ganz wichtig, dass sie dann hinterher einen Zettel haben, ich habe das und das gemacht. Ich hab dann `n Zertifikat. Das hebt das Selbstwertgefühl und vielleicht kann man das anderweitig auch noch mal verwenden, man weiß ja nie so genau.“ (Interview NH: Z 272-277)
>
> „Es gehen natürlich nicht alle hin. Im Moment habe ich über 50 HelferInnen. Und bei den anderen Nachbarschaftshilfen wird's natürlich ähnlich aussehen. Und bei so´ner Fortbildung maximal 20 Leute.“ (Interview NH: Z 351-353)

Das Projekt der Initiierung von niedrigschwelligen Betreuungsangeboten für Angehörige von Dementen bezieht sich auf das gesamte Stadtgebiet Braunschweigs. Allerdings wird mit der Teilnahme bestehender Nachbarschaftshilfen von seiten der Träger unterschiedlich umgegangen. So werden sich aber die NH des Paritätischen, des DRK, der Caritas und der AWO auf jeden Fall beteiligen. Ob diese allerdings aber auch alle Betreuungsgruppen anbieten, liegt sicher auch an der Möglichkeit Räumlichkeiten vorzuhalten. Für eine Beteiligung sprechen sich die Koordinatoren der NH in unterschiedlicher Weise aus:

> „Und die Koordinatoren sind da auch so, wie soll ich sagen, gespaltener Meinung. Manche sagen, ich möchte es gar nicht machen, das ist mir einfach zu viel Arbeit. Aber andere sehen so ´ne Zukunftsperspektive, und sagen, das ist unsere Chance.“ (Interview NH: Z 172-176)

Die Mitarbeiterin der NH hegt durchaus große Hoffnung, dass das geplante Projekt ein Erfolg wird und sie hiermit auch ein Stück weit ihren eigenen Arbeitsplatz sichern kann. Dies hängt natürlich auch stark davon ab, ob die zukünftigen HelferInnen dieses Angebot überhaupt wahrnehmen und in welchem Maße sie von seiten der Einrichtung hierfür motiviert werden können.

> „Dass ´ne Kontinuität bei den HelferInnen auch bleibt(...) Und das sie das auch mit Freude machen können, also mit Engagement.“ (Interview NH: Z 483-485)

7.1.3 Angehörige

Die Angehörige, 55 Jahre, (im Folgenden mit Frau A. abgekürzt) pflegt ihren Ehemann, 60 Jahre, bei dem neben der Alzheimer Erkrankung auch die Parkinsonsche Krankheit diagnostiziert wurde, bereits seit 1998. Bis zu einer endgültigen Diagnoseerstellung war für das Ehepaar allerdings ein recht weiter Weg zu gehen. Inzwischen ist zumindest für die medikamentöse Behandlung eine gute Ärztin in A-Stadt gefunden worden. Auch mit der hausärztlichen Versorgung ist Frau A. recht zufrieden. Frau A. ist, sicher auch aufgrund ihres für die Situation noch recht jungen Alters, sehr dynamisch und selbstbewusst im Umgang mit der Erkrankung ihres Mannes. Sie holt sich selbst Informationen und Hilfen von verschiedensten Stellen ein, sodass man hier von einer stark aktiven Selbsthilfe sprechen kann. Frau A. ist bereits seit Beginn der Erkrankung ihres Mannes Mitglied der Alzheimer Gesellschaft Braunschweig und hier auch im Vorstand tätig. Hierdurch hat sie die Gelegenheit, neueste Informationen zu erhalten und immer auch im Austausch mit anderen pflegenden Angehörigen zu stehen. Mit dem Besuch in einer Angehörigengruppe der GB erfährt sie weitere Kontakt- und Entspannungsmöglichkeiten.

- Belastungen und Ängste Angehöriger

Nach Aussagen von Frau A. gestalten sich Belastungen im Umgang mit Demenzerkrankten sehr unterschiedlich und sind abhängig von der Art und dem Stadium der Demenz. Positiv bei ihrem Ehemann ist, dass er nicht "wegläuft" und er so auch einmal alleine zu Hause bleibt. Zudem ist Herr A. auch noch nicht soweit in seiner Mobilität eingeschränkt, sodass er noch viele Wege alleine bewältigen kann. Allerdings ist es für Frau A. recht schwierig mit der nachlassenden Kommunikationsfähigkeit ihres Mannes umzugehen.

> "Belastend ist eigentlich die, wie soll ich das jetzt sagen, die nicht vorhandene Gesprächsbereitschaft, also die Sprachstörung, die da ist." (Interview Angehörige: Z 317-319)

Weiterhin führt die immer geringer werdende Selbständigkeit der Lebensführung des Ehemannes von Frau A. dazu, dass sie sich immer stärker zeitlich unter Druck gesetzt fühlt. Obwohl Herr A. unter der

Woche ein breites Spektrum an Förder- und Betreuungsangeboten in der Stadt Braunschweig wahrnimmt, sind immer noch viele Stunden des Tages zu überbrücken, in denen Herr A. zur Beschäftigung "angeleitet" werden muss.

> "Belastend ist auch die Beschäftigung desjenigen. Wenn dann halt nichts ist in Form von Tagespflege oder die Frühförderung, dann steht man da und muss irgendwas machen. (...) Und, dass wenn so was gemacht wird, dann eben nicht alleine, sondern nur in meinem Beisein. Und das ist doch vom Zeitfaktor ziemlich, ja ziemlich angebunden." (Interview Angehörige: Z 325-335)

Psychisch und emotional stark belastend ist für Frau A. die Vorstellung von Situationen, die die Zukunft betreffen. Wenn sie selbst als Pflegeperson ausfallen würde, müsste ihr Ehemann eine stationäre Einrichtung aufsuchen. Hier hat Frau A. bereits schlechte Erfahrungen in Bezug auf den Krankenhausbereich gemacht. Sie persönlich ist der Meinung, dass Ärzte und Pflegepersonal im Bereich der gerontopsychiatrischen Erkrankungen wenig fachlich ausgebildet sind. Durch unregelmäßige Medikamentengaben zum Beispiel veränderte und verschlechterte sich Herrn A. ´s Zustand innerhalb weniger Tage. Mit viel persönlicher Energie und Willensstärke versuchte Frau A. nach dem Krankenhausaufenthalt ihres Ehemannes in Gesprächen mit dem zuständigen Pflegepersonal und Ärzten auf diese Mangelzustände hinzuweisen, in der Hoffnung, dass damit ein gewisses, selbstkritisches Nachdenken angeregt wird.

> "Was ist, wenn man persönlich selbst mal ausfällt? (...) Das ist das, was wo man so ne Angst vor hat. Aber man kann sich da nicht absichern. (...) Also, ich hatte letztes Jahr ne sehr schlechte Erfahrung hier mit dem Krankenhaus." (Interview Angehörige: Z 359-366)

Obwohl Frau A. für alltägliche Lebensumstände durch Planung und Organisation versucht, Vorsorge zu treffen, ist ihr schon klar, dass bei einem persönlichen Ausfall ihrer Person präventive Maßnahmen wenig greifen würden. Die Heimplatzsituation in Braunschweig würde sie als nicht ausreichend bezeichnen und man muss im Notfall "nehmen, was kommt." Mit einer Unterstützung durch Familienmitglieder kann Frau A. nur bedingt rechnen, da ihre drei Kinder studieren und nicht in

Braunschweig wohnen. So wäre hierdurch eine Entlastung höchstens in den Semesterferien gewährleistet.

> "Aber, wenn ich wüsste, ich muss irgendwie ins Krankenhaus, das ist eben so heute für Angehörige nicht so einfach. Aber es hat keinen Zweck, sich darüber Gedanken zu machen. Man kann das nicht planen." (Interview Angehörige: Z 428-430)

Frau A. weist deutlich darauf hin, dass Veränderungen im gewohnten Lebensrhythmus zu starken Belastungen der erkrankten Betroffenen führen.

> "Es ist auch so, dass, wenn da ein Erkrankter hingeht, da können die noch so lieb und nett zu ihm sein, das ist ein Zusammenbruch der Lebenssituation und da wird man auch bei aller Liebe und Hilfsbereitschaft nicht viel ausrichten können." (Interview Angehörige: Z581-584)

➢ Vorhandene Versorgungsstrukturen

Frau A. ist mit der bestehenden Versorgungsstruktur in Braunschweig eher nicht zufrieden, da sie der Meinung ist, dass die bestehenden Angebote nicht ausreichen würden, um allen Erkrankten und deren Angehörigen eine Möglichkeit zu bieten, hieran teilzunehmen. Sie ist sich trotzdem bewusst, dass sich die Versorgungslage in städtischen Bereichen aber immer noch besser gestaltet als im ländlichen Raum. Herr A. nimmt ein reichhaltiges Wochenspektrum an Betreuungs- und Förderangeboten wahr. So geht er einmal in der Woche zur Krankengymnastik, besucht einmal wöchentlich die Tagespflegeeinrichtung für Demenzerkrankte, wo er auch zusätzlich eine Förderung in Form eines Gedächtnistrainings erhält. Weiterhin ist Herr A. Teilnehmer in der Frühfördergruppe der GB und sucht einige Male im Monat einen offenen Gesprächskreis auf. Frau A. macht klar, dass hierfür sehr viel eigenes Engagement gefordert ist, um sich über die Präsenz der vorhandenen Angebote zu informieren.

> "Also ich meine, dass die ganze Sache so´n bißchen auf Eigeninitiative beläuft. Wenn man sich so´n bißchen drum kümmert, ist also der Informationsfluss eigentlich schon in Ordnung." (Interview Angehörige: Z 206-208)

Frau A. ist der Meinung, dass sie aufgrund ihres Alters mit gewissen

Situationen besser umgehen kann als zum Beispiel ältere pflegende Angehörige.

> "Und wenn man da hört, wie die Leute, die die Tagespflege ihrer Erkrankten abrechnen, einer so, beim anderen so, es ist Wahnsinn. (...) Also jetzt bin ich ziemlich fit drauf, aber es ist ein wirklich hartes Angehen. (...) Leute, die vielleicht auch älter sind als Angehörige, die gehen mit fliegenden Fahnen unter. Die sind völlig überfordert. (Interview Angehörige: Z 11-17)

Durch negative Erfahrungen im Krankenhausbereich, die Frau A. gemacht hat, und durch die Berichte von Bekannten aus der stationären Altenpflege würde sie sich für die Zukunft wünschen, dass sich in den Versorgungsstrukturen hinsichtlich der Betreuung dementiell Erkrankter einiges verbessern würde, wobei ihr klar ist, dass dies bei den heutigen Rahmenbedingungen nur bedingt umsetzbar ist.

> "Und das halt auch grundsätzlich in den Pflegeheimen und den Krankenhäusern auf die Erkrankung `n bißchen mehr eingegangen wird in dem handling. (...) Aber die Strukturen lassen das gar nicht zu." (Interview Angehörige: Z 577-581)

➢ <u>Erfahrungen mit der Pflegeversicherung</u>

Der Ehemann von Frau A. ist im November 2001 nach Begutachtung des Medizinischen Dienstes in die Pflegestufe I eingruppiert worden. Zurzeit denkt Frau A. über einen Antrag auf Höherstufung nach, da ihr hier von seiten der Pflegekasse und einer Mitarbeiterin der GB ein wahrscheinlicher Erfolg zugesagt wurde. Mit den Begutachtungen und Formalien in diesem Bereich hat sie keine Schwierigkeiten gehabt.

> "Da war ich so´n bißchen ängstlicher, was man alles so hörte. Aber mein Mann ist auch nicht derjenige, der sich dann hinstellt und sagt, oh ich kann das alles, was ja von vielen erzählt wird." (Interview Angehörige: Z 130-132)

Dass es hier nicht zu den befürchteten Komplikationen kommt, liegt sicher auch darin begründet, dass Begutachter des Medizinischen Dienstes direkt vor Ort in der häuslichen Umgebung entscheiden. So haben Frau A. und mehrere Bekannte aus der Alzheimer Gesellschaft im Bereich der Beantragung von Schwerbehindertenausweisen eher schlechte Erfahrungen gemacht. Die Entscheidung nur nach Aktenlage und vom „grünen Tisch“ aus, führte in diesen Fällen oftmals zu

Fehleinschätzungen der Sachbearbeiter und setzte die Betroffenen enormen psychischen und zeitlichen Belastungen aus. Dass Ansprüche an die Pflegekasse oftmals nicht oder nur ungern wahrgenommen werden, liegt nach Meinung von Frau A. daran, dass in der Generation der jetzt Pflegebedürftigen generell hohe Hemmschwellen vorliegen bei der Annahme finanzieller Leistungen aus öffentlicher Hand.

> "Es ist schon eher so, dass bei vielen Angehörigen, also bei Frauen, dass die so´n bißchen Angst haben, das in Anspruch zu nehmen. (...) sagen wir mal so vom sozialen Aspekt, oh ne, ich will nicht, und Pflegestufe und so. (...) Es ist die Hemmschwelle der einzelnen Personen." (Interview Angehörige: Z 162-165)

- Pflegeleistungsergänzungsgesetz

Obwohl Frau A. die Einführung des PflEG als generell positiv einschätzt, ist es doch so, dass hier noch sehr viele Unsicherheiten in Bezug auf Umsetzung des Gesetzes bestehen. Das Angebot der niederschwelligen Versorgung durch ehrenamtliche Kräfte ist für sie nicht nachvollziehbar, da es sich hier ihrer Meinung nach nicht um ein reines Ehrenamt handelt. Die Leistungen der ehrenamtlichen Hilfen müssten auch finanziert werden, sodass mit dem Betrag von 460 Euro/Jahr doch nicht viel Entlastung geschaffen werden kann. Dennoch ist ihr aber auch bewusst, dass die Rekrutierung von ehrenamtlichen Kräften nicht so einfach zu gestalten ist.

> "Ja, dann rechnen Sie mal aus. Was wollen Sie mit 460 Euro machen? Das ist nichts. Na gut, man ist ja froh. Aber, das ist alles so eine Sache. (...) Und in dem Sinne ist es auch keine ehrenamtliche Sache. Na gut, man muss trotzdem froh sein, dass es da irgendwas gibt." (Interview Angehörige: Z 283-294)

Mit der stundenweisen Entlastung in der häuslichen Umgebung, wie sie durch die HelferInnenkreise geplant sind, verbindet Frau A. wenig echte Hilfe. Auch das Angebot der Nutzung zusätzlicher Betreuungsgruppen ist für sie wenig attraktiv, da hier der zeitliche Rahmen zu gering ist.

> "Dann werde ich mir auch überlegen, ob ich ihn dann zweimal in die Tagespflege gebe: Weil das dann doch meiner Meinung nach, dann doch ein bißchen effektiver ist." (Interview Angehörige: Z 518-520)

- Erwartungen an LaienhelferInnen

Dass durch Laienhilfe in Form von Betreuungsgruppen und häuslicher Betreuung weitere Entlastungsangebote für Angehörige geschaffen werden, ist aus Sicht von Frau A. zu befürworten. Es ist ihr nur noch nicht klar, wie dieses gehandhabt werden soll. Durch eine stundenweise Entlastung zu Hause oder in Gruppen verspricht sie sich nicht viel, eher ist es so, dass sie sich wünschen würde, dass sie beispielsweise die Möglichkeit bekäme, einmal für ein oder zwei Tage zu verreisen und ihren Mann in dieser Zeit zu Hause gut versorgt zu wissen. Deswegen würde sie eine flexible Betreuung mit einer festen Bezugsperson bevorzugen.

> "Dass man jemanden hat, wo man sagt, da muss man sich nicht zu lang vorher festlegen. (...) Und dann wär´s ja auch wichtig, dass man immer dieselbe Person hat." (Interview Angehörige: Z 453-457)
>
> "Ich finde es wichtig, wenn man da jemanden hat, den man zum einen immer hat und na ja gut, die Chemie muss ja auch stimmen." (Interview Angehörige: Z 505-506)

Vorbedingung für den Einsatz von ehrenamtlichen HelferInnen ist für Frau A., dass diese Person gewisse soziale Kompetenzen mitbringt. Eine vorbereitende Schulung hält sie deshalb nicht unbedingt für erforderlich.

> "Entscheidend ist, um mit diesen Patienten auszukommen, ist eigentlich ein ruhiges, ausgeglichenes Verhalten. Und das muss die Person haben. Das kann man nicht lernen und das ist auch nicht durch Schulungen erreichbar." (Interview Angehörige: Z 460-462)

7.2 Beschreibung bereits bestehender Projekte[11]

7.2.1 Angehörigenberatung Nürnberg e. V.[12]

- Konzeptionelle Grundüberlegungen

Der Aufbau eines HelferInnenkreises zur Dementenbetreuung hat in der Angehörigenberatung Nürnberg bereits im Jahre 1995 begonnen. Diese HelferInnenkreise wurden gegründet, weil immer wieder Nachfragen von Angehörigen kamen und andere Entlastungsangebote von diesen

---

[11] Informationen über weitere bestehende Projekte können nachgelesen werden bei: DIRKSEN, Wilma u. a.: Wege aus dem Labyrinth der Demenz; 1999, S. 153

häufig nicht angenommen wurden. Dies hat zweierlei Gründe: zum einem weisen die Angebote objektive Mängel auf in der Flexibilität und der mangelnden Qualität bezüglich der Betreuung; zum anderen möchten die Angehörigen die Betroffenen aus subjektiven Gründen nicht weggeben (Schuld- und Versagensgefühle, Gefühl des Unentbehrlich-Seins). Die stundenweise Entlastung, dazu noch in der häuslichen Umgebung, ist zeitlich flexibler, da hier die Angehörigen die Zeiten vorgeben und sie hier ganz nach ihren Bedürfnissen vorgehen können. Auch die relative Unverbindlichkeit, die Entlastungsmaßnahme kann jederzeit beendet werden, wirkt schwellensenkend.

- Qualifizierung und Begleitung der HelferInnen

Die theoretische Schulung der HelferInnen erfolgt in einem 40-stündigen Kurs und schließt mit dem Erhalt eines Zertifikats ab. Die HelferInnen müssen an der Maßnahme mindestens 30 Stunden teilgenommen haben, um das Zertifikat zu erhalten und um aktiv eingesetzt werden zu können. Themenbereiche in der Schulung sind:

a. Die Situation pflegender Angehöriger (11 Stunden)
b. Krankheitsbild Demenz und Umgang mit den Erkrankten (10 Stunden)
c. Aspekte des Sozialrechts (4 Stunden)
d. Gesprächsführung und Kommunikation (10 Stunden)
e. Einführung in die ganzheitliche Pflege mittels ATL´s[13] (5 Stunden)

Nach diesem Grundlagenseminar haben die HelferInnen die Möglichkeit nach ca. einem Jahr einen 10-stündigen Aufbaukurs zu besuchen. Mit den HelferInnen findet ein regelmäßig, monatlicher Erfahrungsaustausch für 2 - 2 1/2 Stunden statt. Es wird darauf geachtet, dass jede HelferIn Zeit hat "ihre Fälle" einzubringen. Ein Protokoll hilft festzuhalten, wie sich die einzelnen Betreuungs- und Entlastungsverhältnisse entwickeln. Vor Beginn der Tätigkeit wird grundsätzlich mit der Einsatzleitung der Beratungsstelle ein

---

[12] Folgende Ausführungen sind zusammengefaßt entnommen der Broschüre: "Für ein paar Stunden Urlaub - Die stundenweise Entlastung pflegender Angehöriger von Demenzkranken durch freiwillige HelferInnen“

[13] Hiermit sind die Aktivitäten des täglichen Lebens nach dem Pflegekonzept der Schweizer Ordensschwester Liliane Juchli gemeint, die eine Grundlage bieten

gemeinsamer Hausbesuch vorgenommen. Dieser dient dazu, dass ein Kennenlernen zwischen HelferIn und Demenzkranker geschehen kann und zur Klärung organisatorischer Fragen. Wichtig ist, dass klare Absprachen getroffen werden, und kein Zwang auf die Parteien ausgeübt wird. Denn dies würde hinsichtlich der HelferInnen gegen das Prinzip der Freiwilligkeit verstoßen, hinsichtlich der Angehörigen gegen das Ziel der Flexibilität und der Bedürfnisorientiertheit des Angebotes. Die HelferInnen erhalten eine Aufwandsentschädigung in Höhe von 7,70 Euro, die über Verhinderungspflege und das PflEG abgerechnet werden.

- Auswertung

Gerade die Flexibilität des Angebots wird immer wieder sehr gelobt. Zwischen HelferIn und Angehörigen entwickelt sich oft ein Vertrauensverhältnis. Viele Angehörige verwenden dieses Angebot als Sprungbrett für die Nutzung eines höherschwelligen Angebots, wie z. B. der Tagespflege oder auch einer Heimeinweisung. Die Schulung hat für die HelferInnen besonders große Bedeutung, da sie ihnen Sicherheit vermittelt. Es muss aber den Seminarleiterinnen bewusst und transparent sein, dass die Schulung für die HelferInnen keine Ausbildung zur AltenpflegehelferIn sein will und kann. Die HelferInnen sind ehrenamtlich im Einsatz und bieten ein niederschwelliges Angebot zur Entlastung pflegender Angehöriger.

7.2.2 Projekt "LichtBlick", Münster[14]

- Konzeptionelle Grundüberlegungen

Ehrenamtliche Arbeit im Bereich der Gerontopsychiatrie unterscheidet sich in ihrem Auftrag von professionellen Angeboten und hat eine eigene Qualität. Im Mittelpunkt steht hier der "normale" zwischenmenschliche Kontakt. Die Bereitschaft zu freiwilligem Engagement wird im Bereich der Gerontopsychiatrie bisher wenig genutzt. Dabei besteht von Seiten der Angehörigen und bei

---

Pflegemaßnahmen patientenorientiert zu erstellen. (vgl. SPRINGER LEXIKON PFLEGE, 2002, S. 106)

[14] Folgende Ausführungen sind dem Jahresbericht des Modellprojektes aus dem Jahre 2000 entnommen.

alleinwohnenden Personen ein großer Bedarf. Für eine Mobilisierung ehrenamtlicher Hilfe fehlten dabei oft die Voraussetzungen, wie z. B. eine Definition von Arbeitsfeldern ehrenamtlicher Hilfe und eine Tätigkeitsbeschreibung in Abgrenzung zur professionellen Hilfe. Sicherheit und Orientierung gebende Seminare für Ehrenamtliche und Supervision und fachliche Begleitung der Tätigkeit sind ein weiteres wichtiges Merkmal. Aus diesen Vorüberlegungen heraus beschloß man in Münster am Alexianer Krankenhaus, welches bereits über lange Jahre Erfahrungen in der gerontopsychiatrischen Versorgung sammeln konnte, das Modellprojekt "LichtBlick - Häuslicher Besuchsdienst für psychisch erkrankte ältere Menschen und ihre Angehörigen" ins Leben zu rufen. Dieses Projekt wurde vom Bundesministerium im Zeitraum von 01.09.99 - 31.08.02 finanziell unterstützt und wird jetzt nach Ablauf des Modellzeitraumes durch eine volle Trägerfinanzierung abgesichert. Nach Ablauf der Projektförderung mussten allerdings die beiden Mitarbeiterinnen Stellenverkürzung hinnehmen.

- Schulung und Begleitung der HelferInnen

Die angehenden HelferInnen erhalten in einer 30-stündigen theoretischen Schulung Grundlagen und Kompetenzen für den Umgang mit psychisch kranken Menschen. Die Schulung ist verpflichtend, von zehn Schulungseinheiten müssen sieben besucht werden. Inhalte der Schulungseinheiten sind:

a. Grundlagen über psychische Erkrankungen älterer Menschen
b. Die Situation pflegender Angehöriger
c. Möglichkeiten des Umgangs mit Verwirrten
d. Kommunikationsgrundlagen
e. Einfache Pflegehilfen
f. Biografiearbeit
g. Pflegeversicherung
h. Abschiednehmen

Am Ende der Schulungsmaßnahme erhalten die TeilnehmerInnen ein Zertifikat und einen Nachweis des Landes Nordrhein-Westfalen.

In regelmäßig monatlichen Treffen wird den HelferInnen die Möglichkeit zum Erfahrungsaustausch, zur Fallbesprechung und zur Fortbildung gegeben. Themenwünsche der TeilnehmerInnen werden berücksichtigt. In letzter Zeit wurden folgende Themen angeboten: Therapie durch Validation, der Einsatz von Hilfsmitteln, das Betreuungsrecht, Entwicklung anderer Wohnformen für Menschen mit Demenz, hierfür besuchte man informationshalber weitere Einrichtungen. Ergänzend zu den Gruppentreffen werden pro Woche zwei Sprechstunden durch die Mitarbeiterinnen angeboten.

Vor den Schulungseinheiten werden mit den zukünftigen HelferInnen Gespräche geführt; zur Vorbereitung der ersten Einsatztätigkeit wird mit den Mitarbeiterinnen ein gemeinsamer Hausbesuch bei den zu Betreuenden durchgeführt. Für die HelferInnen gibt es keine Aufwandsentschädigung, dass heißt es handelt sich hier um ein "echtes" ehrenamtliches Engagement. Die Fahrtkosten werden nach Möglichkeit erstattet, was aber auch nicht von allen HelferInnen gewünscht wird. Desweiteren könnten Leistungen entweder über Verhinderungspflege oder zukünftig auch über das PflEG mit 7,50 Euro abgerechnet werden. Da es aber in Nordrhein-Westfalen noch keine konkreten Bestimmungen über die Umsetzung des Gesetzes gibt, bestehen hier noch Unsicherheiten darüber, wie damit verfahren werden kann. Einen finanziellen Ausgleich über die Leistungen der Verhinderungspflege werden allerdings derzeit nur von zwei HelferInnen in Anspruch genommen. Dies liegt auch darin begründet, dass nur 60% der Betreuten des Projektes eine Einstufung in der Pflegeversicherung haben.

Für die HelferInnen des Projekts gibt es dennoch eine Reihe von immateriellen Anerkennungsleistungen zur Ehrenamtspflege. Hierzu zählen neben den Supervisionen und den Fortbildungen auch Veranstaltungen, die den Gemeinschaftssinn unterstützen. Von seiten des Trägers erhalten die HelferInnen zu Weihnachten und zu Geburtstagen ein kleines Präsent.

Ein wichtiges Qualitätsmerkmal und eine Besonderheit stellt in diesem

Projekt die Dokumentation der Betreuungsbesuche dar. Diese Dokumentationen sind für die HelferInnen verpflichtend zu bearbeiten, dienen auf der einen Seite zum Nachweis gegenüber dem Träger über die Ableistung von ehrenamtlichen Betreuungszeiten. Auf der anderen Seite werden die Dokumentationen auch genutzt, um in den Gruppentreffen hiermit an konkreten Fällen arbeiten zu können. Sie werden deshalb von den HelferInnen auch nicht als Kontrolle verstanden sondern eher als Hilfe.

- Auswertung

Es besteht ein deutlicher Bedarf für das Angebot eines häuslichen Besuchsdienstes. Insgesamt kann eine positive Entwicklung in vielen Betreuungen beobachtet werden. Zurzeit kann auf einen HelferInnenpool von 46 Personen zurückgegriffen werden. Eine im Mai abschließende Seminarreihe kann 19 neue HelferInnen für das Projekt bereitstellen. Das ist auch sehr wichtig, da es immer wieder zu Wartelisten kommt und nicht alle Personen betreut werden können. Dies liegt aber oftmals an den Wohnorten der zu Betreuenden. Gerade im ländlichen Bereich ist eine flächendeckende Versorgung noch nicht möglich.

Für die Zukunft würde man sich deshalb wünschen, dass hier Verbesserungen stattfinden und dass Versorgungssysteme, wie sie in Münster gegeben sind, auch in anderen Regionen Deutschlands umgesetzt werden könnten. Außerdem wäre ein finanzieller Ausgleich für die HelferInnen in vielen Fällen recht sinnvoll. Dieser würde zwar eine Umschreibung des Projekts nötig machen, wäre aber bei veränderten Lebenssituationen von Ehrenamtlichen dringend erforderlich. Hinzu kommt noch, dass auch die Hilfesuchenden ein besseres Gefühl hätten, wenn sie die Leistungen der HelferInnen honorieren könnten.

7.2.3 Projekt "Tagesmutter für Demenzkranke", Daaden-Herdorf

Konzeptionelle Grundüberlegungen

Es handelt sich hier um ein Modellprojekt in Rheinland-Pfalz. Auf der Grundlage von Landesgesetzen zur Umsetzung der Pflegeversicherung entstanden hier Ambulante-Hilfe-Zentren (AHZ), die grund- und behandlungspflegerische Angebote, hauswirtschaftliche Hilfen und weitere pflegeergänzende Dienste vorhalten. Jeder AHZ ist eine Beratungs- und Koordinierungsstelle (BeKo) zugeordnet, die allen älteren, pflege- und hilfebedürftigen BürgerInnen als Anlauf- und Informationsstelle dient. Gemeinsam mit den Hilfesuchenden wird hier ein individuelles Konzept der häuslichen Versorgung erarbeitet. Ist das Verbleiben im Wohnumfeld teilweise nicht oder nicht mehr möglich, informiert die BeKo über den Übergang in stationäre oder teilstationäre Einrichtungen. Vor diesem Hintergrund entstand auch das AHZ "Kirchliche Sozialstation Daaden-Herdorf e.V." im Jahre 1997. Im Einzugsgebiet wohnen rund 20.000 Menschen in meist ländlicher Umgebung. In der BeKo im AHZ Daaden-Herdorf werden pro Jahr durchschnittlich 150 Klienten beraten, von denen etwa 20% an einer Demenz leiden. Bei der Entwicklung individueller Versorgungskonzepte erwies es sich bei diesen Klienten als schwierig, dass häufig der betreuerische und weniger die pflegerische Unterstützung im Vordergrund stand. So entstand die Idee, in der Region Daaden-Herdorf ein flächendeckendes Netz an niedrigschwelligen Versorgungsangeboten aufzubauen, da nur so die Unterstützung von Familien, die altersverwirrte Menschen zu Hause pflegen, gelingen kann. Das Modellprojekt "Tagesmutter für Demenzkranke" entwickelte sich hieraus mit einer Förderung im Rahmen des Bundesmodellprogramms "Altenhilfestrukturen der Zukunft". Ziel ist es, mit der Initiierung des Projekts die Angehörigen durch den Einsatz der ehrenamtlichen "Tagesmütter", die sich im Vorfeld einer fachgerechten Schulung unterziehen, zu entlasten. Mit dem Begriff der "Tagesmutter" soll es nicht um eine Degradierung der Betreuungsangebote zum Baby-Sitting-Dienst gehen, sondern um einen qualifizierten, familienunterstützenden Dienst. Denn gerade der altersverwirrte

Mensch ist auf Nähe, Wärme und Geborgenheit angewiesen. Ihm kommen tragfähige, verlässliche und wertschätzende Bindungen zu gute. Das Angebot wird abgerundet durch das Vorhalten eines Angehörigencafés und den Betreuungsgruppen.

- Qualifizierung und Begleitung der "Tagesmütter"

In den 30-stündigen theoretischen Schulungen für die angehenden HelferInnen, die an einem Wochenende und an acht Abenden stattfinden, werden den TeilnehmerInnen folgende Inhalte vermittelt:

a. Verständnis für den verwirrten Menschen (Krankheitsbilder, Verlauf und Therapie der Demenz, Verhalten und besondere Situationen verstehen)
b. Hilfe für den verwirrten Menschen (Umgang mit schwierigen Situationen, Kommunikation, Integrative Validation, Betreuungsmethoden)
c. Rechtliche Grundlagen (Pflegeversicherung, Betreuungsrecht, Sterbebegleitung)

An diese theoretische Grundausbildung schließt für die TeilnehmerInnen eine 30-stündige Hospitationsphase im Angehörigencafé oder der Betreuungsgruppe an. Die erste Begegnung zwischen den "Tagesmüttern" und den Demenzkranken erleichtert es herauszufinden, wer zueinander passt, das heißt, welche HelferIn bei welchem Demenzkranken ergänzend auch häusliche Betreuung leisten kann. Vor Beginn der ambulanten Betreuung erfolgt ein Beratungsgespräch in der häuslichen Umgebung. Im Gespräch, insbesondere mit den Angehörigen, werden Daten zur Lebensgeschichte des Demenzkranken gesammelt. Zugleich können auch Informationen zur Erleichterung der häuslichen Pflegesituation gegeben werden. Jede Tagesmutter erhält für den Einsatz eine Betreuungstasche, die verschiedene Arbeits- und Spielmaterialien enthält und mit denen der Demenzkranke bei Bedarf zu Handlungen angeregt werden kann. Ein regelmäßiger Betreuungseinsatz von wöchentlich drei Stunden erlaubt den Angehörigen freie Zeit zur Entspannung und Erholung. Die Aufwandsentschädigung für die Betreuungsleistungen der Tagesmütter wird über die

Verhinderungspflege und über das PflEG abgerechnet. Die Tagesmütter treffen sich alle zwei Monate in einem Begleitzirkel. Dieser hat einen wichtigen Stellenwert, denn dort findet ein Austausch über die Betreuungssituation im Sinne einer Fallbesprechung statt. Solche Angebote eignen sich als Anerkennung für die Ehrenamtlichen und stärken zugleich die Motivation des Einzelnen.

- Auswertung

Der Verlauf des Modellprojektes ist positiv zu bewerten. Eine Befragung unter den pflegenden Angehörigen hat ergeben, dass sie sich durch die verschiedenen Angebote des Modellprojektes entlastet fühlen. Es ist darauf zu achten, dass die Grenzen an Einsatz- und Belastungsfähigkeit der ehrenamtlich eingesetzten Kräfte erkannt und gewahrt werden. Insofern ist es wichtig, dass die Projektleitungskraft in das Netz aller Dienste und Einrichtungen eingebunden ist, um gegebenenfalls weitergehende Angebote zu organisieren bzw. zu vermitteln.

Da sich das Krankheitsbild der Demenz in den kommenden Jahren als eine der größten Herausforderungen für das Gesundheitssystem darstellen wird, ist es nötig den Ausbau der beschriebenen Angebote weiter voranzutreiben. Ziel sollte es sein, eine flächendeckende Vernetzung aller am Versorgungssystem beteiligten Dienste, Institutionen und Einrichtungen zu erreichen. So könnten nicht nur die Angebote des Modellprojekts ausgeweitet werden, sondern es könnte auch eine grundlegende Novelle der psychiatrischen Versorgung im ländlichen Raum erfolgen mit dem Ziel, den Anforderungen der Gegenwart und Zukunft gerecht zu werden.

7.3 Qualifizierungsmaßnahme

Dieses Kapitel dient der Präsentation und Interpretation der Daten und Ergebnisse des Fragebogens. Insbesondere fließt hierin auch die Auswertung der Teilnehmenden Beobachtung ein. Untersuchungszeiträume waren die ersten beiden Schulungseinheiten, die von dem Verein "ambet" durchgeführt wurden.

Der erste Schulungsblock fand an den Wochenenden 28.02./01.03. und 28.03./29.03.2003 statt. Ort der Schulung war die Begegnungsstätte der Weststadt, Lichtenberger Straße. An dieser ersten Maßnahme beteiligten sich 21 TeilnehmerInnen, wobei zwei von ihnen den Kurs aufgrund Krankheit nicht beendeten. Der Seminarraum war der Schulungsleiterin vorher nicht bekannt. Es stellte sich heraus, dass der Raum für die große Anzahl von TeilnehmerInnen zu klein war. Die Sitzordnung war nicht optimal, die Sicht auf Leinwand und ReferentInnen nicht für alle gegeben. Technische Mittel waren, bis auf eine Leinwand, nicht vorhanden. Die Schulungsleiterin brachte einen tragbaren Overhead-Projektor für den Einsatz von Folien mit. Die TeilnehmerInnen versorgten sich selbst mit Getränken und Essen. Das Wochenende wurde in Form der Teilnehmenden Beobachtung begleitet und die Seminareinheiten an Hand des Beobachtungsleitfaden protokolliert. Der zweite Schulungsblock fand an den Wochenenden 09.05./10.05 und 23.05./24.05.2003 statt. Ort der Schulung war dieses Mal die Begegnungsstätte in den Rosenäckern. An dieser Maßnahme beteiligten sich wiederum 21 TeilnehmerInnen, die den Kurs auch beendeten. Die Räumlichkeiten waren hier für die TeilnehmerInnen angenehmer, da ausreichend groß. Zudem war hier der Einsatz von Technikmitteln möglich, sodass z. B. auch während des Seminars ein Film gezeigt werden konnte. Am Ende der Schulungseinheit bekamen die TeilnehmerInnen den Fragebogen ausgehändigt, um diesen gleich vor Ort auszufüllen. Dies bedeutet einen Rücklauf von 100% und alle Fragebögen konnten somit in die Auswertung mit aufgenommen werden. (Anhang III f)

7.3.1 Soziodemografische Daten

Zu Beginn erfolgt eine Aufstellung der soziodemografischen Daten, um einen Überblick über die soziale Situation der TeilnehmerInnen zu erhalten.

Geschlecht		Prozent
Weiblich:	20	
Männlich	1	
Alter:		
Bis 30	1	5%
31-40	2	10%
41-50	**9**	**43%**
51-60	6	28%
über 60	3	14%
Familienstand:		
Verheiratet:	9	43%
Geschieden:	**11**	**52%**
Verwitwet:	1	5%
Familienkonstellation		
Kinder unter 18:	**11**	**52%**
Alleinerziehende	3	14%
Pflegebed. in Familie	1	5%
Keine zusätzl. Betreuung	6	29%
Beruf:		
Sozial-pflegerisch	**11**	**52%**
Handel und Dienstleistung	3	14%
Technisch-gewerblich	2	10%
Kaufmännisch-gewerblich	4	19%
Ausbildung/Studium	1	5%
Zurzeit:		
Berufstätig:	4	19%
Arbeitsuchende:	5	24%
Hausfrau:	**8**	**38%**
Rentnerin:	4	19%
Ehrenamtlich tätig:	10	48%

Tab. 2 N = 21

Wie es sicher nicht anders erwartet werden kann, bestanden die Beteiligten der Schulung zum größten Teil aus Frauen. Dies begründet sich wohl auch damit, dass die meisten von ihnen aus der Arbeit der Nachbarschaftshilfen kommen. Die Altersgruppe der 41- bis 50jährigen stellt hier mit 43% das größte Potential dar, was nicht verwunderlich ist, wenn man sich vergleichende Untersuchungen zum ehrenamtlichen

Engagement in sozialen Feldern ansieht.[15] Von den TeilnehmerInnen sind 43% verheiratet, 52% geschieden und 5% verwitwet. Auffallend ist in dieser Konstellation die große Anzahl der Kinder unter 18 Jahren, die von 52% der Befragten zu versorgen sind. Hier ist eventuell ein Indiz dafür zu finden, dass Frauen heute durch längere Ausbildungszeiten erst in einem späteren Alter ihre Kinder bekommen. Ehrenamtlich betätigen sich bereits 48%. Bei den erlernten Berufen sind die Sozialpflegerischen Berufe mit 52% an der Spitze. Damit wird deutlich, dass für das Engagement in diesem Rahmen ein deutlicher Bezug zu früherer oder jetzt noch ausgeübten Berufstätigkeit hergestellt wird. Die anderen Berufsgruppierungen spielen aufgrund ihrer Ausgewogenheit keine ausschlaggebende Rolle. Mit 38% stellen die Hausfrauen den größten Anteil der TeilnehmerInnen dar. 19% von ihnen sind berufstätig und 19% sind bereits RentnerInnen. Immerhin 24% der TeilnehmerInnen geben an, sich auf Arbeitsuche zu befinden. In welchen Zusammenhängen der erlernte Beruf mit der derzeitigen Arbeitsuche steht soll die nachfolgende Tabelle verdeutlichen.

Verhältnis des erlernten Berufs zum derzeitigen Berufsstatus

	Sozial-pfleger.	Handel u. Dienstleist.	Techn.-gewerbl.	Kaufmänn.-gewerbl.
Berufstätig	3	0	1	0
Arbeitsuch.	3	0	1	1
Hausfrau	4	2	0	2
RentnerIn	1	1	0	2

Tab. 3 N = 21

Die Tabelle zeigt, dass drei Arbeitsuchende aus einem sozialpflegerischen Beruf kommen und jeweils 1 Person aus dem technisch-gewerblichen Bereich und aus dem kaufmännisch-gewerblichen Bereich. Aufgrund fehlender Vergleichsuntersuchungen kann hier nur die Vermutung aufgestellt werden, dass Engagierte aus Nicht-Sozialen Berufen eventuell wieder aus der Freiwilligentätigkeit ausscheiden, wenn sie in ihrem erlernten Beruf wieder eine Anstellung finden.

[15] Vergleiche hierzu die Ergebnisse aus dem vom Bundesministerium für Familie, Senioren, Frauen und Jugend herausgegebenen Band "Das Ehrenamt in empirischen Studien", 1999, S. 32

Arbeitsuchende aus Sozial pflegerischen Berufen könnten hier für sich eine Chance sehen, um mit der erworbenen Qualifizierung und dem Engagement wieder in den Beruf einsteigen zu können.

7.3.2 Motive der HelferInnen

Die erste Frage des Fragebogens lautete: "Wir möchten gerne von Ihnen erfahren, welche Motive ausschlaggebend waren, sich speziell für die ehrenamtliche Arbeit mit Dementen schulen zu lassen. Welche Antworten treffen am ehesten auf Sie zu?" Mehrfachnennungen waren hier möglich.[16]

1. Motive für die ehrenamtliche Arbeit mit Dementen	
Helfen	18
Persönliche Weiterentwicklung	12
Erfahrungen	11
berufliche Weiterentwicklung	6
Andere Motive	1

Tab. 4

In abnehmender Reihenfolge wurden folgende Motive von der HelferInnen benannt: 18 Personen haben den Wunsch anderen Menschen zu helfen; 12 möchten etwas für ihre eigene Weiterentwicklung tun; 11 TeilnehmerInnen haben bereits Erfahrungen im Umgang mit dementen Menschen; ein Weiterkommen in beruflicher Hinsicht erhoffen sich 6 Personen. Eine Befragte gab an, andere Motive zu haben, die sie damit beschrieb, für ältere Menschen Anwaltschaften übernehmen zu wollen. In diesem Zusammenhang erscheint es interessant, darauf hinzuweisen, dass diejenigen HelferInnen, die sich ein Weiterkommen in beruflicher Hinsicht erhoffen, unter der Fragestellung zu ihrer derzeitigen beruflichen Situation angegeben haben, arbeitsuchend zu sein. Es sollte auch im Interesse des Trägers sein, weiter über diesen Sachverhalt nachzudenken und hier Versuche

[16] Da im Bereich der Altenpflege und im speziellen in der Dementenbetreuung keine wissenschaftlichen Untersuchungen zu Motivationslagen vorliegen, musste hier ein eigener Fragenkomplex entwickelt werden, welcher die Motive von Engagierten im Bereich der Dementenbetreuung erfassen kann. Für die Interpretation können deshalb auch keine vergleichenden Untersuchungen herangezogen werden.

zu unternehmen, Lösungen zu entwickeln. Zusätzlich erscheint es bedeutungsvoll in der Frage nach Beweggründen Typisierungen unterschiedlicher Helfermerkmale zu definieren. Folgende Tabelle gibt hierüber Aufschluss:

Motive- Helfertypen		Prozent
Erfahrungen-Helfen-Weiterentwicklung persönlich-Weiterentwicklung beruflich	2	9,5%
Erfahrungen-Weiterentwicklung persönlich-Helfen	6	28,6%
Erfahrungen-Weiterentwicklung persönlich	2	9,5%
Erfahrung	1	4,8%
Helfen	6	28,6%
Helfen-persönliche Weiterentwicklung	2	9,5%
Helfen-persönliche Weiterentwicklung-berufliche Weiterentwicklung	2	9,5%

Tab. 5 N = 21

Die Auswertung ergibt in diesem Falle ein recht ausgewogenes Verhältnis, so dass nicht von stark ausgeprägten HelferInnen-Typen[17] gesprochen werden kann. Allerdings kann festgestellt werden, dass sich im Bereich der Dementenbetreuung ein hoher Anteil von Menschen engagiert, die bereits Vorerfahrungen mit einbringen. So sind von den TeilnehmerInnen 52,4% als der Erfahrenen-Typ zu benennen, währenddessen 47,6% dem Helfer-Typ zuzuordnen sind. Beim Typus des Erfahrenen spielen aber auch die persönliche Entwicklung und das Helfen eine große Rolle. Beim Helfer-Typ sieht ein hoher Prozentsatz (28,6%) seine Aufgabe als eine rein Altruistische. Damit können aber auch andere Untersuchungen zu Motivationslagen von ehrenamtlich Engagierten untermauert werden, die besagen, dass sich immer mehr Menschen aus einem persönlichen Interesse heraus engagieren.[18]

[17] An dieser Stelle soll der Hinweis erfolgen auf eine interessante Untersuchung der Angehörigenberatung e. V. Nürnberg, die bezüglich der Beweggründe für ein Engagement in der Dementenbetreuung sieben HelferInnentypen entwickelt hat. (vgl. DEUTSCHE ALZHEIMER GESELLSCHAFT, 2003, S. 411)

[18] Vgl. hierzu BMFSFJ, 2001, 2001, S. 25: Hiernach ist es für drei Viertel der Engagierten wichtig "Kenntnisse und Erfahrungen zu erweitern".

Die Motive der TeilnehmerInnen des ersten Schulungsblocks decken sich weitestgehend mit denen des zweiten Blocks. Einige Aussagen von TeilnehmerInnen sollen dies verdeutlichen.

- Erfahrungen persönlicher Art: "Habe ständig mit Demenzkranken zu tun, da ich auch im Heimbesuchsdienst tätig bin. Ich möchte etwas über den richtigen Umgang mit Betroffenen in den verschiedenen Stadien der Demenz wissen." (Paraphrase TB, Z: 48-51)
- Erfahrung beruflicher und persönlicher Art: "Das Thema ist für mich aktuell, da die Schwiegermutter mit einer Demenz im letzten Jahr verstorben ist. Ich bin seit einem halben Jahr bei den NH X-Str., aufgrund meines Alters hab ich bisher keine feste Arbeit gefunden." (Paraphrase TB, Z: 36-40)
- Berufliche Erfahrung: "Komme aus der ambulanten Pflege, habe hierdurch Erfahrungen mit Demenzkranken." (Paraphrase TB, Z:65-66)
- Helfen: "Habe fünf Jahre meine alzheimerkranke Mutter gepflegt, die inzwischen verstorben ist. Ich war in der Angehörigengruppe bei "ambet". Möchte jetzt anderen Betroffen helfen, mit diesem „schweren Schicksal“ zurechtzukommen." (Paraphrase TB, Z: 80-83)

7.3.3 Vorbereitung der HelferInnen

Die Frage hierzu lautete: <u>"Vor Beginn der Schulungsmaßnahme wurden Sie durch die Nachbarschaftshilfen über Ihre zukünftige Arbeit mit den Dementen informiert. Würden Sie sagen, diese Informationen waren ...sehr gut, gut, zufriedenstellend, mangelhaft oder haben nicht stattgefunden"</u>

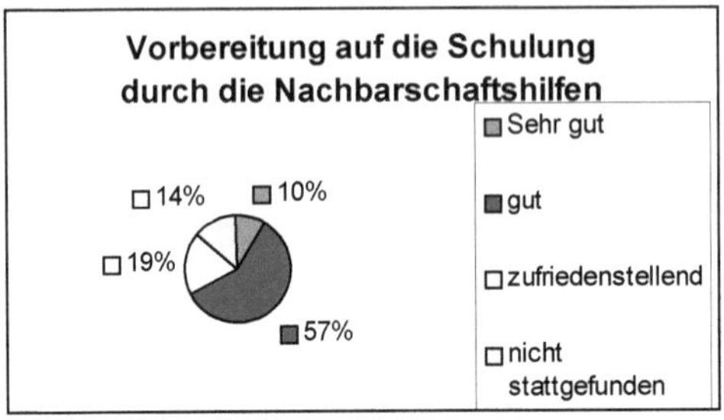

Tab. 6 N = 21

Wichtig zu erkennen ist hier, dass doch immerhin 19% der TeilnehmerInnen angegeben haben "nur" zufrieden zu sein. Für 14% der zukünftigen HelferInnen hat keine Vorbereitung stattgefunden. Allerdings ist aber im Punkt der Vorbereitung nach der ersten Veranstaltung eine Verbesserung eingetreten. Hier waren Informationen über die Schulung, die Organisation der Einsätze und der Finanzierung noch nicht im ausreichenden Maße vorhanden. So kamen hierzu immer wieder Fragen, die von den Schulungsleiterinnen auch nicht immer adäquat beantwortet werden konnten. Die TeilnehmerInnen wurden öfters auf die Koordinatoren der NH verwiesen, was bei einigen doch zu Unmut führte. Inhalte von Fragen, die häufiger gestellt wurden waren:

- Versicherungsschutz: "Man hat ja viel Verantwortung. Es ist ein Wagnis."(Paraphrase TB, Z: 142-143)
- Späteres Aufgabengebiet: "Was soll ich machen? Soll ich auch pflegen?" (Paraphrase TB, Z. 148)
- Finanzierung: "Wie sieht es mit der Finanzierung aus?

7.3.4 Schulungsmaßnahme

Insgesamt macht die Auswertung zum Punkt der Schulungsmaßnahme deutlich, dass bei den TeilnehmerInnen eine sehr hohe bis hohe Zufriedenheit vorherrscht. Hier wird erkennbar, dass die Schulungsleiterinnen durch ihre reichhaltigen Erfahrungen im Fortbildungsbereich von pflegenden Angehörigen auch auf diesem Gebiet sehr gute Ergebnisse erzielen konnten. Weiterhin kann davon ausgegangen werden, dass das Schulungscurriculum, welches auch schon lange in anderen Projekten erprobt wurde, Erfolg hat. Es darf aber nicht außer Acht gelassen werden, dass bei der Beantwortung von Fragebögen immer nur eine begrenzte Auswahl an Antworten vorgegeben ist. Die Möglichkeit der Beantwortung in offener Form wurde von den Befragten kaum bis gar nicht genutzt. Deshalb sollen an dieser Stelle zu den einzelnen Fragekomplexen auch hier Beobachtungen und Aussagen des ersten Schulungsblocks mit einbezogen werden.

Die erste Frage hierzu lautete wie folgt: "Wenn Sie sich jetzt noch einmal die Schulung vor Augen führen, wie beurteilen Sie die Maßnahme"

a. hinsichtlich der Vorbereitung der ReferentInnen

ReferentInnen - Vorbereitung			
sehr gut	Prozent	gut	Prozent
14	67%	7	33%

Tab. 7 N = 21

Von 67% der Beteiligten wird die Vorbereitung als sehr gut beschrieben, von weiteren 33% als gut. Während des ersten Schulungsblock fiel auf, dass externe ReferentInnen nicht genau über das Ziel der Schulung und deren Zielgruppe informiert waren. Dies wurde z. B. deutlich beim Vortrag des Referenten zum Betreuungsrecht. Zur Vorbereitung gehört auch der Einsatz didaktischer Mittel. Die TeilnehmerInnen erhielten zu allen Themen und Vorträgen zahlreiche schriftliche Unterlagen. Dies führte dazu, dass am Ende der Veranstaltungstage den Beteiligten eine große Menge an Papier in ungeordneter Sortierung vorlag.

b. hinsichtlich der Kompetenz der ReferentInnen

ReferentInnen - Kompetenz			
sehr gut	Prozent	gut	Prozent
14	67%	7	33%

Tab. 8 N = 21

Die Kompetenz der ReferentInnen bezeichnen die Anwesenden mit 67% als sehr gut und mit 33% als gut. Diese positiven Aussagen zum Fachwissen kann aus der Beobachtung heraus unterstützt werden. Alle

Vortragenden waren fachlich versiert. Dieses ist ein Indiz für die langjährige Berufserfahrung und für das hohe Engagement der MitarbeiterInnen.

c. <u>hinsichtlich der Themenauswahl</u>

Themenauswahl							
sehr gut	14	Prozent	67%	gut	7	Prozent	33%

Tab. 9 N = 21

Wiederum geben hier 67% an, dass die Themenauswahl sehr gut getroffen war, 33% beurteilten diese als gut. Die Beurteilung der Themen fiel bei direkten Befragungen der TeilnehmerInnen doch etwas differenzierter aus, als dies bei einem Fragebogen geschehen kann. Einige wörtliche Aussagen aus der ersten Schulungsmaßnahme sollen deshalb hier unterstützend dargestellt werden:

- Eher positive Aussagen:

"Es war angenehm. Auch der medizinische Teil war richtig. Die Referenten waren gut."(Paraphrase TB, Z: 113)

"Der medizinische Teil war interessanter als der rechtliche. Gerade was ich über Medikamente erfahren konnte, war persönlich für mich sehr wichtig." (Paraphrase TB, Z. 114)

"Der medizinische Teil war sehr gut, da es für mich Neuland ist."(Paraphrase TB, Z. 116)

"Überblick erhalten, wie ich eingesetzt werden kann. Das Thema Angehörige war sehr gut."(Paraphrase TB, Z. 117)

"Es war sehr praxisorientiert, das ist mir näher."(Paraphrase TB, Z: 118)

- Eher negative Aussagen:

"Es war interessant, aber es wurde zu weit in die medizinischen und rechtlichen Bereiche hineingegangen."(Paraphrase TB, Z. 120)

"Der medizinische Teil hat mich etwas überfordert. Hätte ich mir laienhafter gewünscht."(Paraphrase TB, Z: 121)

"Das Rechtliche war zu allgemein. Ich interessiere mich mehr für die praktische Umsetzung."(Paraphrase TB, Z: 122)

"Mit den Aussagen des Referenten über die rechtliche Betreuung war ich nicht immer einverstanden. Ich habe hier zum Teil eine andere Meinung."(Paraphrase TB, Z: 125)

d. hinsichtlich der methodischen Vorgehensweise

Methodik					
sehr gut	Prozent	gut	Prozent	Zufriedenstellend	Prozent
15	71%	5	24%	1	5%

Tab. 10 N = 21

Die methodische Vorgehensweise bewerten 71% mit sehr gut, 24% mit gut und 5% mit zufriedenstellend. Im ersten Schulungsblock war durch Äußerungen der Beteiligten festzustellen, dass (Klein-)gruppenarbeit bevorzugt wird. Hier entwickelte sich eine rege Kommunikation, weil eigene und berufliche Erfahrungen hier von den Einzelnen verstärkt eingebracht werden konnten. Vorträge, die eher einen monologischen Charakter haben, erzeugen keine so große Gesprächsbereitschaft. Hier waren auch schneller Ermüdungserscheinungen zu beobachten. Zudem ist in einer größeren Gruppe die Hemmschwelle für einen Redebeitrag doch oftmals höher.

e. hinsichtlich der Räumlichkeiten

Räumlichkeiten			
sehr gut	Prozent	gut	Prozent
16	76%	5	24%

Tab. 11 N = 21

76% der Befragten sind mit den Räumlichkeiten sehr zufrieden und 24% empfinden diese als gut. Hierdurch wird deutlich, dass der Wechsel bei der zweiten Schulungseinheit in eine andere Schulungsstätte mit einem größeren Arbeitsumfeld seinen positiven Effekt hatte.

f. hinsichtlich der Atmosphäre innerhalb der Gruppe

Atmosphäre			
sehr gut	Prozent	gut	Prozent
16	76%	5	24%

Tab. 12 N = 21

Die Atmosphäre innerhalb der Gruppe beschreiben 76% als sehr gut und 24% als gut. Diese Beobachtung konnte auch während der ersten Schulungseinheit gemacht werden. Verantwortlich hierfür ist sicher, dass sich viele HelferInnen durch ihre Arbeit bei den Nachbarschaftshilfen bereits vorher kannten.

g. <u>hinsichtlich Ihrer eigenen Fragen. Wurde auf diese eingegangen?</u>

Eingehen auf Fragen					
sehr gut	Prozent	gut	Prozent	zufriedenstellend	Prozent
13	62%	7	33%	1	5%

Tab. 13 N =21

Auf Fragen der Beteiligten wurde sehr gut eingegangen. Dies gaben 62% an, 33% urteilten mit gut und 5% mit zufrieden. Dieses Ergebnis kann aus der Beobachtung heraus unterstützt werden.

h. <u>hinsichtlich Ihrer eigenen Erfahrungen: Konnten Sie diese einbringen?</u>

Einbringen von Erfahrungen			
sehr gut	Prozent	gut	Prozent
12	57%	9	43%

Tab. 14 N = 21

57% waren der Meinung, dass sie ihre eigenen Erfahrungen sehr gut einbringen konnten, 43% empfanden diese Möglichkeit als gut. In diesem Bereich profitieren immer wieder die TeilnehmerInnen mit weniger Erfahrungen von denen, die mehr Praxis mitbringen. Die in diesem Punkt nicht homogene Gruppe konnte sich auf diese Art und Weise gegenseitig positiv beeinflussen.

<u>i. hinsichtlich des zeitlichen Rahmens</u>

Zeitlicher Rahmen			
Zu kurz	Prozent	gerade richtig	Prozent
4	19%	17	81%

Tab. 15 N = 21

Für 81% der TeilnehmerInnen war der zeitliche Rahmen gerade richtig gewählt. 19% von ihnen war der Meinung, dass die Zeit zu knapp gewesen sei. Ähnliche Erfahrungen können auch aus dem ersten Schulungsblock berichtet werden. Auch hier sind nur wenige der Meinung, dass der Zeitrahmen zu kurz sei. Bei den Schulungsleiterinnen wird die Dauer in manchen Themenbereichen als zu knapp angesehen. An einigen Stellen musste gekürzt werden, wie z. B. beim Themenkomplex des pflegerischen Umgangs. Die Zeit für praktische Übungen, zusätzliche Gespräche und dem Austausch untereinander war beschränkt.

7.3.5 Praxisbegleitung

Die Frage hierzu lautete: "Wenn Sie jetzt bereits einmal an die von "ambet" angebotene Praxisbegleitung denken, welche Themen möchten Sie hier weiter vertiefen?"

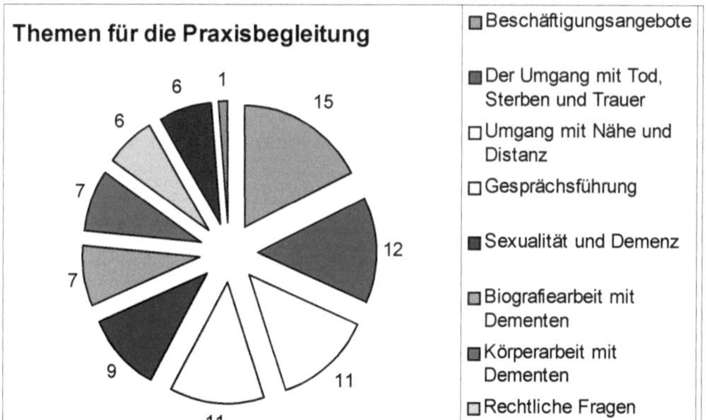

Tab. 16 N = 21

Die Beantwortung dieser Frage macht das große Interesse der TeilnehmerInnen an Fort- und Weiterbildung besonders deutlich. Von den 21 TeilnehmerInnen wurden 85 Nennungen abgegeben. An erster Stelle steht hierbei das Thema Beschäftigungsangebote, welches bei der Schulung auch relativ knapp ausfällt, wenn man bedenkt welchen großen Stellenwert es in der späteren Einsatztätigkeit haben wird. An zweiter Stelle folgt das Thema Umgang mit Tod, Sterben, Trauer. Ein wichtiges Thema; den TeilnehmerInnen ist klar, dass sie hiermit immer wieder in Berührung kommen werden. Weiterhin wird Gesprächsführung genannt, die sich in diesem Zusammenhang sicher mehr auf die Kommunikation mit den Angehörigen beziehen wird. Die "erfahrenen" Beteiligten können hier auch immer wieder von unterschiedlichen Situationen berichten, in denen sie sich unsicher waren, wie sie handeln und reagieren sollten. Dazu gehört auch das Thema der Abgrenzung und Nähe, das für viele der Frauen auch bereits im Alltagsleben einen Konflikt darstellt.

Von den TeilnehmerInnen des ersten Schulungsblocks werden konkrete Fragen zur Praxisbegleitung gestellt. Gerade HelferInnen, die bereits schon Kontakt zu Dementen hatten oder in der Betreuung tätig sind, haben ein großes Interesse daran, hier bald weitergehende Unterstützung zu erhalten. Der ernsthafte Wunsch nach einer Praxisbegleitung in Form von Supervision erscheint diesen deshalb sehr wichtig.
"Bis jetzt fehlte mir in meiner Betreuung Supervision, ich stand immer sehr alleine da." (Paraphrase TB, Z: 178)
„Es ist schlecht, dass wir nur sechsmal Supervision bekommen. Könnte man sich nicht monatlich treffen? Die Hauptamtlichen bekommen dies ja auch. Aber das ist ja wohl was anderes?!"(Paraphrase TB, Z: 179)

7.3.6 Einsatztätigkeit

Die Frage hierzu lautete: "Können Sie zum jetzigen Zeitpunkt bereits einschätzen, ob Sie in nächster Zeit in der Dementenbetreuung eingesetzt werden wollen?"

Einsatz in der Dementenbetreuung nach Schulung:		Prozent
Betreuungsgruppe:	4	19%
Einzelbetreuung	4	19%
Betreuungsgruppe und Einzelbetreuung	12	57%
Unschlüssig	1	5%

Tab. 17 N = 21

57% der TeilnehmerInnen geben an, dass sie nach der Schulung sowohl in der Einzelbetreuung als auch in einer Betreuungsgruppe tätig sein wollen. 19% würden eine Einzelbetreuung vorziehen und weitere 19% eine Gruppenbetreuung übernehmen. Nur 5% (1 Teilnehmerin) ist sich noch unschlüssig darüber, was sie nach der Schulung hiermit anfangen wird. Mit dieser Aussage ist wiederum ein großes Interesse der Beteiligten an einer Tätigkeit in der Dementenbetreuung festzustellen, eine Entscheidung hierfür konnte sicher mit Hilfe der Schulungsmaßnahme leichter gefällt werden. Die Einsatzgebiete werden recht ausgewogen ausgewählt, sodass bei der späteren Vermittlung für beide Einsatzgebiete auf ein hohes Potential zurückgegriffen werden kann. Resultierend kann zweifellos festgestellt werden, dass die Teilnehmenden der Schulung durch diese mehr Sicherheit im Umgang mit dem Thema gewonnen haben, die Eindrücke der Schulung aber zum Teil auch noch verarbeiten müssen. Dies bestätigen auch folgende Aussagen aus der ersten Schulungseinheit:
„Ich hoffe darauf, bald eingesetzt zu werden."
"Ich habe sehr viel gelernt, würde es am liebsten nächste Woche in die Tat umsetzen."
"Besonders gut war, dass die Theorie mit Praxis verstärkt wurde. Jetzt fühle ich mich sicherer."
„Man weiß jetzt mehr, die Ängste sind genommen."
„Sehr interessant, viel Neues. Versuche zu sortieren, was ich machen könnte. Ich bin mir darüber noch nicht im Klaren."
„Ich wünschte, ich hätte vorher vieles gewußt im Umgang mit meinen Familienangehörigen. Da habe ich nicht immer gut gehandelt."
"Ich bin hier ziemlich "unbeleckt" rangegangen, was ich hinterher damit mache, weiß ich noch nicht so genau. Da muss ich erstmal so gucken, ob ich das packe." (Paraphrase TB, Z. 185-195)

Abschließend kann zur Bewertung der zweiten Schulungsmaßnahme gesagt werden, dass diese durch die Beurteilung der Fragebögen überwiegend erfolgreich ausgefallen ist. Auch innerhalb der Beobachtungen aus der ersten Schulungsmaßnahme können diesbezüglich positive Aussagen getroffen werden. Hier zeigt es sich, welchen Vorteil es bietet, in der gerontopsychiatrischen Versorgung erfahrene und kompetente Fachkräfte für die Initiierung solcher Projekte zu haben. Dem Verein „ambet“, der in sich in diesem Bereich in der Versorgungslandschaft bereits einen namhaften Ruf erarbeitet hat, kann an dieser Stelle die größte Kompetenz und Zuverlässigkeit zugesprochen werden. Um eine weitere qualitätsgesicherte Begleitung für die Einsatztätigkeit von LaienhelferInnen sicher stellen zu können, sollen im nächsten Kapitel dennoch einige Empfehlungen hierzu ausgesprochen werden.

8. Handlungsempfehlungen

Die Vorschläge, die im Folgenden für eine qualitativ hochwertige Begleitung älterer Demenzerkrankter und ihrer Angehöriger durch die Vermittlung Niedrigschwelliger Betreuungsangebote gemacht werden, erstrecken sich auf drei Bereiche. Zum einem auf die strukturellen Rahmenbedingungen, wobei sich die Empfehlungen, die hier gegeben werden, nicht auf ausschließliche Bedingungen des Vereins "ambet" in Braunschweig beziehen. Vielmehr kann davon ausgegangen werden, dass hier mit langjähriger Erfahrung und kompetentem Fachwissen im gerontopsychiatrischen Bereich der Verein Anwaltschaften übernehmen kann für Betroffene und für die Bedürfnisse von Angehörigen. Mit dieser Kompetenz können Forderungen an wichtige Ansprechpartner wie Kommunen, Pflegekassen und Gesetzgeber weitergegeben werden. Der zweite Teilbereich bezieht sich auf die Organisation und Koordination der direkten Einsatztätigkeiten von HelferInnen in der Dementenbetreuung. In Braunschweig wird, anders als in bereits bestehenden Projekten, eine alternative Form der Durchführung gewählt. Hier sind zwei Fachbereiche mit der Betreuung und Begleitung der LaienhelferInnen beauftragt. Die Nachbarschaftshilfen übernehmen den organisatorischen Teil und die Empfehlungen hierzu werden in chronologischer Reihenfolge aufgelistet. Der dritte Punkt gibt Vorschläge und Empfehlungen für die eigentliche

Qualifizierungsmaßnahme, die fachlich von den MitarbeiterInnen der Gerontopsychiatrischen Beratungsstelle durchgeführt wird.

8.1 Strukturelle Rahmenbedingungen

- Personelle Ressourcen: Um eine qualitätsgesicherte Begleitung von HelferInnen herzustellen, ist es notwendig, hierfür personelle Freiräume eventuell durch Umstrukturierungen zu schaffen. Die Koordination von ehrenamtlichen HelferInnen ist keine Arbeit, die nebenbei zu bewältigen ist. Sie ist, im Gegenteil, sogar sehr zeitintensiv. Wenn man bedenkt, dass zeitliche Abläufe erfasst werden, die sich erstrecken auf die Gewinnung der HelferInnen über die Vermittlung zu den Hilfesuchenden bis hin zu den Anerkennungsleistungen der Engagierten, so ist hier doch ein breites Spektrum an Arbeitsaufgaben zu bewältigen. Ebenso ist der Bereich der Qualifizierung von HelferInnen und deren nachsorgende Begleitung/Supervision mit vielfältigen Vor- und Nacharbeiten verbunden.
- Finanzieller Ausgleich: Es ist dringend erforderlich, dass der Gesetzgeber einen ausreichenden finanziellen Ausgleich zur Verfügung stellt, um eine qualitätsgesicherte Begleitung von HelferInnen herbeiführen zu können. Monetäre Mittel, die nach § 45c SGB XI den Einrichtungen zur Verfügung gestellt werden, dürfen sich nicht nur auf die reine Schulungsmaßnahme beschränken. Eine Praxisbegleitung für LaienhelferInnen ist unerläßlich, wie auch die Erfahrungen anderer Projekte gezeigt haben. In Niedersachsen ist laut der Anerk-VO zum § 45b SGB XI nur eine Schulungsmaßnahme mit 20-stündigem Theorieteil vorgesehen. Einmal davon abgesehen, dass dieser Zeitrahmen auch relativ knapp gehalten ist, sollte aber im Sinne des Gesetzgebers die Praxisbegleitung auf jeden Fall eine zentrale Rolle spielen. Eine supervisorische Begleitung von HelferInnen sollte nicht, wie es in Braunschweig geplant ist, auf sechs Veranstaltungen begrenzt werden. Praxisbegleitung muss eine Dauereinrichtung und

ein Angebot sein für alle, die in der Dementenbetreuung aktiv sind. Dieses ist auch ein Muss für ehrenamtliche LaienhelferInnen.

- Versorgungslandschaft: In Braunschweig hat man in den letzten Jahren sehr gute Erfahrungen mit den Angeboten der Gerontopsychiatrischen Beratungsstelle gemacht. Hierdurch ist im städtischen Bereich ein relativ gut ausgebautes Netz an Versorgungsangeboten entstanden. Dieses gilt es nun auf die ländlichen Regionen auszuweiten. Auch wenn davon auszugehen ist, dass soziale Netzwerkstrukturen im ländlichen Bereich noch besser funktionieren, hat z. B. die Erfahrung aus dem Projekt in Daaden-Herdorf gezeigt, dass der Bedarf an gerontopsychiatrischer Versorgung auch in ländlichen Gebieten gegeben ist.

- Verhältnis Haupt- und Ehrenamtlicher: Professionelle soziale Dienstleister sollten über das Angebot und die Aufgaben von LaienhelferInnen im „niederschwelligen Bereich" informiert werden. Mögliche Konkurrenzgedanken könnten hierdurch abgebaut werden. Es ist davon auszugehen, dass sich hierauf eine verbesserte Zusammenarbeit zwischen Professionellen und Ehrenamtlichen begründen kann. Zudem helfen diese Informationen das "neue" Angebot bekannter zu machen, sodass möglichst viele Menschen dieses auch nutzen können.

- Substitution: Wie die Untersuchung gezeigt hat, gibt es einen gewissen Prozentsatz von ehrenamtlich tätigen Personen, die, weil derzeit arbeitsuchend, beabsichtigen daraus einen beruflichen Nutzen zu ziehen. Zudem herrscht bekanntermaßen im Altenpflegebereich ein akuter Pflegekräftemangel. Einrichtungen und Anbieter von Projekten zu "niedrigschwelligen Angeboten", wie z. B. auch "ambet", sollten auf diese Personengruppe ein besonderes Augenmerk haben. Sie können Ansprechpartner für diese HelferInnen sein und in gemeinsamen Gesprächen mit ihnen Lösungen für die berufliche Weiterentwicklung suchen.

- Öffentlichkeitsarbeit/Prävention: Es ist nötig den Präventivgedanken, der ja auch durch das SGB XI vorgegeben ist, durch unterstützende

Maßnahmen zu fördern. Einen wichtigen Gesichtspunkt spielt hierbei die Öffentlichkeitsarbeit. Zukünftig ist aber verstärkt davon auszugehen, dass eine zugehende Altenarbeit immer mehr an Bedeutung gewinnen wird. Gerade alleinstehende, demenzerkrankte Menschen, aber auch Menschen aus einem benachteiligten sozialen Umfeld könnten hiervon profitieren.

8.2. Organisation ehrenamtlicher Einsatztätigkeit

- Vorbereitung: Zur Gewinnung von ehrenamtlichen HelferInnen muss man sich die veränderten Motivlagen im Ehrenamt ansehen. Das bedeutet in der Konsequenz, dass zukünftig auch verstärkt neue Zielgruppen angesprochen werden müssen, die nicht dem traditionellen Ehrenamtsbild entsprechen, um den Bedarf nach LaienhelferInnen in der Dementenbetreuung abdecken zu können. HelferInnen, die sich für ein Engagement in diesem Gebiet interessieren, brauchen ein hohes Maß an Sicherheit, damit sie diese auch in ihren späteren Einsätzen widerspiegeln können. Hierfür ist es geboten, dass sie auf ihre Aufgabe detailliert und umfangreich vorbereitet werden. Informationsveranstaltungen zur Vorbereitung bieten sich an. Hier kann das PflEG vorgestellt, Ziele der Einsätze beschrieben, sowie deren Möglichkeiten und Grenzen aufgezeigt werden. Fragen zur Finanzierung und zum Versicherungsrecht sollten an dieser Stelle geklärt werden. Zusätzlich kann den interessierten HelferInnen bei dieser Veranstaltung ein Informationsschreiben mit an die Hand gegeben werden. Vorteil dieser Veranstaltung wäre es, hierbei die eigentliche Schulungsmaßnahme zeitlich zu entlasten. Zudem haben zukünftige HelferInnen dann bereits schon im Vorfeld die Chance zu entscheiden, ob dieses ehrenamtliche Engagement für sie das richtige ist. Derzeit werden in Braunschweig interessierte HelferInnen aus dem Kreis der NachbarschaftshelferInnen rekrutiert. Da aber nicht davon auszugehen ist, dass diese Institution zukünftig die einzige zur Gewinnung von HelferInnen sein wird, sollten Überlegungen getroffen werden, wie "neue" Interessierte aufgenommen werden. Einzelgespräche zur Vorbereitung auf die Qualifizierungsmaßnahme und die zukünftige Einsatztätigkeit sollten für beide Seiten verpflichtend sein. Unterstützt werden können diese durch Fragebögen, in denen Motive und Vorerfahrungen der Interessierten ermittelt werden. Dieses Wissen kann auch für die Schulungsleiterinnen interessant sein, da sie dann eventuell ihre Vorbereitungen zu Qualifizierungsmaßnahmen den Bedürfnissen ihrer TeilnehmerInnen besser anpassen können. Für eine qualitätsgesicherte Betreuung Demenzkranker ist auch ein Grundgerüst an Wissen nötig. Diese Qualifizierung wird aber in Braunschweig vom Fachbereich der Gerontopsychiatrischen Beratungsstelle wahrgenommen, sodass hier auf diesen Punkt nicht näher eingegangen wird. Interessant scheint an dieser Stelle aber eine Vorgehensweise aus Daaden-Herdorf, die für HelferInnen, die an der theoretischen Schulung teilgenommen haben, eine Hospitationsphase vorschreibt. Diese praktische Einheit kann dazu verhelfen, dass zum einem die HelferInnen Erfahrungen für ihre zukünftige Arbeit sammeln können und zum anderen sich zu Betreuende und BetreuerInnen kennenlernen können.

- Praktische Einsatztätigkeit: Zu Beginn der praktischen Tätigkeit ist dringend ein gemeinsamer Hausbesuch der KoordinatorIn mit der LaienhelferIn in der Häuslichkeit des Hilfesuchenden zu empfehlen. Auch hier sprechen die Erfahrungen der Projekte in Nürnberg und Münster für sich. Diese Gespräche dienen zum einem dem Kennenlernen, aber auch dem Abklären und Abstecken von Aufgaben, die zukünftig übernommen werden sollen. Eine fachliche Begleitung erscheint hier relativ sinnvoll, da gerade ehrenamtliche HelferInnen oftmals Probleme mit der eigenen Abgrenzung haben. So wird verhindert, dass später Aufgaben übernommen werden, die nicht zu dem eigentlichen Tätigkeitsfeld von LaienhelferInnen gehören. Eine schriftliche Vereinbarung hierüber gibt verstärkte Sicherheit für beide Seiten. Damit LaienhelferInnen eine qualitätsgesicherte Betreuung übernehmen können, kann es für diese hilfreich sein, wenn ihnen von seiten der Einrichtung

Arbeitsmittel an die Hand gegeben werden. Dies könnten im Falle der Betreuung von Dementen Beschäftigungsmaterialien sein wie Spiele, Massagebälle und weitere Utensilien zur Aktivierung der Erkrankten. Diese Empfehlung betrifft nicht nur die Tätigkeit in den Betreuungsgruppen sondern auch die Begleitung der Betroffenen im häuslichen Umfeld. Damit für Nutzer des Angebots von niedrigschwelliger Betreuungen eine kontinuierliche Versorgung gewährleistet ist, sollte darüber nachgedacht werden, ob es sinnvoll erscheint, Vertretungsdienste anzubieten. So könnten beispielsweise HelferInnen, die genügend Zeit haben diese Ersatzfunktionen in Fällen wahrnehmen, in denen die eigentliche Helferin verhindert ist. Für zeitliche, aber auch psychisch stark belastete Betreuungen ist über ein System des Job-sharings nachzudenken. So könnten hier auch einmal zwei HelferInnen in einem Haushalt tätig werden. Hierfür kann es sinnvoll sein Dokumentationssysteme zu entwickeln. Diese sollten so ausgestattet sein, dass sie keine zusätzliche bürokratische Hürde darstellen, keine Kontrollfunktion haben, sondern vielmehr von HelferInnen als Hilfe angesehen werden. Für die Anbieter solcher Projekte können sie zudem nützlich sein zur Darstellung des vorhandenen Ehrenamtspotentials gegenüber Kostenträgern. Weiterhin können Dokumentationen für die Fallbesprechungen in den Praxisbegleitungen verwendet werden.

- Praxisbegleitung: Fort- und Weiterbildung, Praxisbegleitung und Supervision werden, so wie es in Braunschweig geplant ist, nicht von den KoordinatorInnen der Nachbarschaftshilfen übernommen. Hier kann man vermuten, dass sich gerade in diesem Bereich Kooperations- und Koordinationsprobleme entwickeln können. Zum einem kann es zu Überschneidungen von Zuständigkeiten kommen, es können andererseits aber auch Informationslücken entstehen. In bereits bestehenden Projekten dieser Art liegt die Qualifizierung und Vermittlung von LaienhelferInnen immer in der Zuständigkeit eines Fachbereichs. Da in Braunschweig anders vorgegangen werden soll, kann dies zu zusätzlichen zeitlichen Belastungen der betroffenen MitarbeiterInnen führen. Eine detaillierte Arbeitsplatzbeschreibung mit konkret benannten Kompetenzrichtlinien ist für dieses Projekt zwingend zu empfehlen. Für HelferInnen kann es sich kompliziert gestalten, wenn sie über die Zuständigkeiten der Fachbereiche nicht informiert sind. Es ist wichtig, dass diese im Vorfeld feste AnsprechpartnerInnen benannt bekommen. Empfehlenswert ist auch die Einführung von festen Sprechzeiten für LaienhelferInnen.

- Beendigung der HelferInnen-Tätigkeit: Auch die Beendigung einer ehrenamtlichen Tätigkeit stellt einen wichtigen Beitrag zur optimalen Ehrenamtspflege dar. Die Beziehungen können von beiden Seiten gelöst werden, durch die Einrichtung, wenn sie der Meinung ist, dass der Ehrenamtliche mit seiner Aufgabe überfordert ist. Aber auch der Freiwillig Tätige kann sein Engagement aus vielfältigen Gründen, die er dem Dienstleister nicht benennen muss, beenden. In beiden Fällen sollte aber die Beziehung durch ein Abschlussgespräch beendet werden. Dieses kann für den Ehrenamtlichen noch einmal dazu dienen seine geleistete Arbeit gewürdigt zu wissen. Die Einrichtung kann dieses Gespräch als Reflexionshilfe für die weitere Arbeit nutzen.

8.3 Qualifizierungsmaßnahme

- Inhalte: Es hat sich gezeigt, dass man in Braunschweig mit dem Schulungscurriculum, das man überwiegend aus Nürnberg übernommen hat, ebenfalls gute Erfahrungen gemacht hat. Es wurde deutlich, dass die angesprochenen Themen die Interessen und Bedürfnisse der TeilnehmerInnen gedeckt haben. Das breite Spektrum an Lehrinhalten bietet für die zukünftigen HelferInnen einen optimalen Einstieg in ihre Tätigkeit. Allerdings sollten auch externe ReferentInnen zukünftig noch mehr auf das Ziel und die Wissenserfordernisse der Zielgruppe des Projektes hingewiesen werden. Um den theoretischen Teil der Schulung mit noch mehr Praxisnähe aufzulockern, wäre es denkbar, pflegende Angehörige hierzu einzuladen, die von ihren speziellen Belastungen und

Erfahrungen berichten. Dieser Teil könnte aber auch als ein Thema in die Praxisbegleitung mit aufgenommen werden. Eventuell kann es sich als praktisch erweisen, den SchulungsteilnehmerInnen nach Ablauf eines Jahres einen Weiterbildungskurs in Blockform anzubieten. Der zeitliche Rahmen für die Schulungsmaßnahme ist, wie vom Gesetzgeber vorgegeben, sehr knapp gehalten. Dies bedeutet, dass für klärende Gespräche und zusätzliche Informationen wenig Raum bleibt. Eine 20-stündige Schulung liegt mit Sicherheit an der untersten Grenze des sinnvoll erforderlichen. Hier kann auch nur auf die Erfahrungen der anderen Projekte verwiesen werden, die zum Teil doch einen erheblichen größeren Stundenumfang vorgesehen haben und diesen auch für erforderlich halten.

- Methodik/Didaktik: Zur Anerkennung und Wertschätzung von ehrenamtlichen HelferInnen ist auch die Qualität von Fortbildungsveranstaltungen in jeder Hinsicht von hoher Bedeutung. Hierzu gehören ansprechende Räumlichkeiten, die ein positives Lernklima schaffen. So können SchulungsteilnehmerInnen eine besondere Wertschätzung erfahren, wenn sie einen Raum betreten, der eigens für sie vorbereitet wurde. Ein kleiner Blumenschmuck, Getränke und eventuell ein kleiner Notizblock sichern eine angenehme Atmosphäre, in der sich die Beteiligten wohl fühlen sollten. In den ersten Schulungseinheiten bei "ambet" wurde von den TeilnehmerInnen immer wieder der starke Nutzen gerade durch die Methode der Gruppenarbeit bestätigt. Dieses sollte weiterhin gefördert werden, wenn auch zu bedenken ist, dass diese Methode im Gegensatz zu monologisch gehaltenen Vorträgen mehr Zeit in Anspruch nimmt. Es ist sehr positiv zu bewerten, dass die TeilnehmerInnen der Schulung bei "ambet" zu allen Themengebieten mit vielfältigen schriftlichen Unterlagen versorgt wurden. Da diese aber nach Beendigung des Seminars nur in loser, ungeordneter Form vorlagen, ist davon auszugehen, dass sie im nachhinein wenig genutzt werden. Empfehlenswert ist hier die

Erstellung eines Readers[19]. Dieser sollte den Schulungsplan und Materialien zu den einzelnen Themenkomplexen enthalten. Vorstellbar wäre auch eine Erweiterung mit Literaturangaben für interessierte HelferInnen, die sich auch nach der Schulung theoretisch weiterbilden möchten. Nutzbringend kann ebenso die Erstellung einer Adressenliste der Ansprechpartnerinnen für das Projekt sein. Eine Auflistung von sozialen Dienstleistungsunternehmen der Stadt kann für die HelferInnen eine relevante und gute Hilfe darstellen.

- Praxisbegleitung: Eine Begleitung in supervisorischer und fortbildungsmäßiger Richtung ist bei "ambet" vorerst nur für sechs Veranstaltungen geplant. Es wurde schon an anderer Stelle darauf hingewiesen, dass dies als nicht ausreichend angesehen wird, sondern die Praxisbegleitung ein dauerhaftes Angebot sein muss. Wie bereits ebenfalls erwähnt, kann es zu Schwierigkeiten in der Praxisbegleitung kommen, da die Leiterinnen aus der Gerontopsychiatrischen Beratungsstelle eventuell nicht ausreichend über die aktuellen Vorgänge aus den praktischen Einsatztätigkeiten informiert sein werden. Langfristig sollte überlegt werden, ob die Praxisbegleitung nicht unter dem Dach der Nachbarschaftshilfen angesiedelt werden kann. Die Mitarbeiterinnen der Gerontopsychiatrischen Beratungsstelle könnten dann hier eine eher beratende Funktion als externe Referentinnen wahrnehmen. Grundsätzlich sollte auf die Themenwünsche der LaienhelferInnen eingegangen werden, die sich wohl zumeist in einem stark praktischen Zusammenhang ergeben werden. Auch für HelferInnen, die an den Veranstaltungen der Praxisbegleitung nicht teilnehmen können, sollten zeitliche und örtliche Möglichkeiten geschaffen werden, damit sie über ihre "Fälle" sprechen können. Wenn HelferInnen nicht von sich aus den Kontakt zur Einrichtung suchen, sollte diese Kontaktaufnahme durch die Mitarbeiterinnen des Projekts erfolgen.

[19] An dieser Stelle soll auf das Handbuch für Betreuer (siehe Literaturhinweise) hingewiesen werden, das sehr professionell und nutzbringend erstellt wurde.

Zuvor dargestellte Empfehlungen für die Praxis bieten eine Fülle von Ideen für die Initiatoren bei „ambet e. V." und Anbieter ähnlicher Projekte. Es darf aber nicht vergessen werden, zu bedenken welche Vorschläge zeitlich und personell machbar sind.

Resümee und Ausblick

Ehrenamtlichkeit wird in der Zukunft in der Betreuung und Versorgung dementiell erkrankter Menschen als dritte Säule neben der Angehörigenhilfe und der professionellen Unterstützung unverzichtbar sein. Dieses Resultat kann mit Sicherheit nach Abschluss der Untersuchungen gezogen werden. Es wurde hier relatives Neuland betreten, was die wissenschafts-theoretische Disziplin betrifft. Zukünftig wird es hier vermehrt notwendig sein, wissenschaftliche Begleitung und Evaluation anzuwenden, um gut gelingende Projekte konzeptionieren und umsetzen zu können.

Insgesamt ist, dank des theoretischen Grundgerüsts und den Erfahrungswerten aus der Praxis ein doch recht komplexes Bild entstanden. Für die Initiierung von Projekten zur Entlastung pflegender Angehöriger bei gleichzeitig verbesserter Pflege- und Lebensqualität von Demenzkranken sind kompetente und erfahrene Fachkräfte aus dem Bereich der Gerontopsychiatrie als Ansprechpartner eine wichtige Grundvoraussetzung. Diese ist in Braunschweig bei der Institution "ambet e. V." gegeben. Die Mitarbeiterinnen der Gerontopsychiatrischen Beratungsstelle haben mit Geschick und Können dazu beigetragen, dass die Schulung der LaienhelferInnen gelingen konnte. Bestehende Schulungscurricula können sicher ohne große Bedenken von anderen Institutionen übernommen werden. Es kann noch einmal betont werden, dass Qualifizierungen von LaienhelferInnen einen hohen Nutzen und sehr bedeutsam für den Erfolg in der nachfolgenden Betätigung haben. TeilnehmerInnen, die sich mit Hilfe einer Schulung auf ihre Einsätze in der Dementenbetreuung vorbereiten, erhalten durch diese Maßnahme ein hohes Profil an Stabilität und Sicherheit, welches für die Persönlichkeit der einzelnen im Auftreten eine enorm große Bedeutung hat. Die hauptamtlich Verantwortlichen müssen sich darüber klar sein, dass ehrenamtliche Unterstützung in der Altenpflege nicht unbedingt nur einen kostensparenden Faktor darstellt, sondern eher ein aufwendiges Element ist. Veränderte Anforderungen im "neuen" Ehrenamt verlangen eine besondere Anerkennungskultur. Hauptamtlich und ehrenamtlich Tätige befinden sich häufig in einem Spannungsfeld. Hierfür ist eine Öffnung der Institutionen und ihrer dort Beschäftigten erforderlich, um in den Feldern der Altenhilfe eine Bereicherung herzustellen.

Es hat sich gezeigt, dass quantitativ ein hohes Potential an Interessenten für solch eine Tätigkeit verfügbar ist. So hat beispielsweise ein Zeitungsartikel, der nach der ersten Schulungsmaßnahme erschien bewirkt, dass nahezu 50 Personen Interesse an der Dementenbetreuung und der damit verbundenen Qualifizierungsmaßnahme zeigten. Die bereits geschulten HelferInnen sind sehr empfänglich für theoretisches Wissen und hoch motiviert für die Einsätze in der Betreuung zur Entlastung der Angehörigen. Viele der Beteiligten können und wollen ihre eigenen Erfahrungen mit einbringen und erhoffen sich durch die Qualifizierung und anschließende Praxisbegleitung eine persönliche Weiterentwicklung hinsichtlich einer erweiterten Wahrnehmung und Selbstreflexion.

Von seiten der Angehörigen wünscht man sich, in den HelferInnen Vertrauenspersonen zu finden, die sich mit ihren Alltagskompetenzen kontinuierlich und dennoch flexibel engagieren wollen. Bereits bestehende Projekte haben sicher ausreichend bewiesen, dass Beziehungen von HelferInnen zu Betroffenen zu einem Mehr an Lebensqualität für alle Beteiligten geführt haben. Es entwickeln sich reziproke Handlungen, die einen gegenseitigen Austausch von Stärken und Schwächen der einzelnen Beteiligten positiv beeinflussen können. Im Projekt des Braunschweiger Vereins "ambet" zur Initiierung von niedrigschwelligen Betreuungsangeboten kann man hierüber noch keine Aussagen treffen. Deswegen ist es hier erst einmal nötig viel Öffentlichkeitsarbeit zu leisten und den anspruchsberechtigten Personen das neue Angebot bekannt zu machen.

Es müssen aber auch endlich von seiten des Gesetzgebers und den ausführenden Organen in Ländern und Kommunen konkrete Vorgaben hinsichtlich der Finanzierung dieser Projekte benannt werden. In den Institutionen müssen finanzielle, personelle und strukturelle Rahmenbedingungen geschaffen werden, damit ehrenamtliches Engagement gefördert und weiterentwickelt werden kann. Ein schnelles Handeln wäre hier wünschenswert, damit gute Konzepte bald in die Tat umgesetzt werden können. Denn diese können ihren Beitrag leisten, in Zeiten sozial-ökonomischer Engpässe, effektive und effiziente Entlastungsangebote herzustellen.

Ausblickend soll aber dennoch etwas kritisch die Frage aufgeworfen werden inwieweit ehrenamtliches Potential zukünftig erhalten bleiben kann. Bürgerschaftliches Engagement darf nicht dazu führen, dass die dort Aktiven (und hier ja in der Hauptsache Frauen) mit immateriellen Anerkennungen "abgespeist" werden. Die Überlegung inwieweit ehrenamtliches Engagement analog zu Kinderziehungszeiten für die Rente angerechnet werden könnte, sollte von den Verantwortlichen weiter diskutiert und auch umgesetzt werden. Dies kann dazu beitragen, dass Menschen, die sich für das Wohl anderer Menschen einsetzen, auch die Chance haben für ihr eigenes Alter Vorsorge zu treffen und sich abgesichert wissen können. Bei allem Engagement und hoher Bereitschaft von Ehrenamtlichen darf nicht vergessen werden, dass die Altenhilfe und -pflege der Zukunft professionelle Kräfte benötigt, die dazu beitragen qualitätsgesicherte Maßnahmen zur Selbstbestimmung von älteren Menschen zu erhalten.

Aus Sicht der Betroffenen bleibt nur zu hoffen, dass derzeitige Diskussionen in der Sozialpolitik über den Erhalt des bestehenden Pflegeversicherungsgesetzes nicht dazu führen, dass hier ein Abbau vorgenommen wird. Vielmehr wäre die Notwendigkeit gegeben, dass für Menschen, die keine Pflegestufe haben, und hier sind besonders Demenzerkrankte betroffen, bereits im Vorfeld präventiv psychosoziale Leistungen angeboten werden könnten. Der Verbleib in der eigenen Häuslichkeit ist wohl der Wunsch von fast allen älteren Menschen, vor allen Dingen solange es keine brauchbaren Alternativen gibt, die dem Bedürfnis nach Eigenständigkeit und Selbstbestimmung entsprechen.

Literatur

Monographien:

AIDS-HILFE e. V.: Krankheits- und Sterbebegleitung – Ausbildung, Krisenintervention, Training; Beltz Verlag, Weinheim, Basel 1995

BARTJES, Heinz/OTTO, Ulrich: Mit Engagement können In: OTTO, Ulrich/MÜLLER, Siegfried/BESENFELDER, Christine: Bürgerschaftliches Engagement –Eine Herausforderung für Fachkräfte und Verbände; Leske + Budrich, Opladen 2000

BECKER Susanne/VEELKER, Ludger/WALLRAVEN, Klaus-Peter (Hrsg.): Handbuch Altenbildung - Theorie und Konzepte für Gegenwart und Zukunft; Leske + Budrich, Opladen 2000

BEHER, Karin/ LIEBIG, Reinhard/ RAUSCHENBACH, Thomas: Strukturwandel des Ehrenamtes -Gemeinwohlorientierung im Modernisierungsprozess; Juventa Verlag, Weinheim, München 2000

BETREUUNGSVEREIN BUNTSTIFTE e.V.: Handbuch für Ehrenamtliche Betreuerinnen und Betreuer; Essen 2001

BLINKERT, Baldo/ KLIE, Thomas: Pflege im sozialen Wandel - eine Untersuchung über die Situation von häuslich versorgten Pflegebedürftigen nach Einführung der Pflegeversicherung; Vincentz Verlag, Hannover 1999

BUHL, Anke (Hrsg.): Das Pflegewesen und die Pflegebedürftigen - Analysen zu Wirkungen der Pflegeversicherung und ihrem Reformbedarf; Mabuse Verlag, Frankfurt am Main 2002

BUNDESMINISTERIUM FÜR FRAUEN; SENIOREN; FAMILIE UND JUGEND:: Freiwilliges Engagement in Deutschland – Ergebnisse der Repräsentativerhebungen zu Ehrenamt, Freiwilligenarbeit und bürgerschaftlichen Engagement – Gesamtbericht; Kohlhammer Verlag. Stuttgart, Berlin, Köln 2001

BUNDESMINISTERIUM FÜR FRAUEN; SENIOREN; FAMILIE UND JUGEND: Ältere Menschen im sozialen Ehrenamt -Exemplarische

Bestandsaufnahme und Handlungempfehlungen; Band 116, 2. Auflage, Kohlhammer Verlag. Stuttgart, Berlin, Köln 1997

BUNDESMINISTERIUM FÜR FRAUEN; SENIOREN; FAMILIE UND JUGEND: Vierter Bericht zur Lage der älteren Generation in der Bundesrepublik Deutschland – Risiken, Lebensqualität und Versorgung Hochaltriger unter besonderer Berücksichtigung demenzieller Erkrankungen; Berlin 2002

BUNDESMINISTERIUM FÜR FRAUEN; SENIOREN; FAMILIE UND JUGEND: Das Ehrenamt in empirischen Studien - ein sekundäranalytischer Vergleich; Band 163, 2. Auflage, Kohlhammer Verlag. Stuttgart, Berlin, Köln 1999

BUNDESMINISTERIUM FÜR GESUNDHEIT UND SOZIALE SICHERUNG: Pflegeversicherungsgesetz – Textausgabe; Berlin 2003

DAHMS, Uljana: Ehrenamtliche Arbeit in Hospizen - Bestandsaufnahme und Analyse von Konzepten; E. B. Verlag, Hamburg 1999

DEUTSCHE ALZHEIMER GESELLSCHAFT: Gemeinsam handeln - Referate auf dem 3. Kongress der Deutschen Alzheimer Gesellschaft Friedrichshafen, 12.-14.September 2002, Berlin 2003

DEUTSCHER BUNDESTAG: Enquete-Kommission „Zukunft des bürgerschaftlichen Engagements“; Bürgerschaftliches Engagement – auf dem Weg in eine zukunftsfähige Bürgergesellschaft; Leske + Budrich. Opladen 2002

DIRKSEN; Wilma/ MATIP, Eva-Maria/ SCHULZ Christel: Wege aus dem Labyrinth der Demenz - Ein Praxishandbuch für Profis; Alexianer Krankenhaus GmbH; Münster 1999

DEUTSCHER VEREIN FÜR ÖFFENTLICHE UND PRIVATE FÜRSORGE: Curriculumentwicklung und Professionalisierung - Altenpflege, Altenhilfe, Altenarbeit; Eigenverlag, Frankfurt am Main 1994

EVERS, Adalbert: Auf dem Weg zu einem neuen Wohlfahrtsmix? Pflege im Alter und der mögliche Beitrag der Bürgergesellschaft in: HUTH, Susanne (Hrsg.): Grundsatzthemen der Freiwilligenarbeit – Theorie und Praxis des sozialen Engagements und seine Bedeutung für ältere Menschen, Praxisbeiträge und bürgerschaftliches Engagement im 3. Lebensalter; Band 13; Institut für Soziale Infrastruktur, Frankfurt am Main 2002

FRIEDRICHS, Jürgen: Methoden empirischer Sozialforschung; Westdeutscher Verlag, Opladen, 14. Auflage 1990

HEROLD, Eva Elisabeth (Hrsg.): Ambulante Pflege - Die Pflege Gesunder und Kranker in der Gemeinde, Band 3; Schlütersche GmbH Verlag. Hannover 1999

HOFFMEYER-ZLOTNIK, Jürgen: Analyse verbaler Daten - Über den Umgang mit qualitativen Daten; Westdeutscher Verlag, Opladen 1992

HUTH, Susanne (Hrsg.): Grundsatzthemen der Freiwilligenarbeit – Theorie und Praxis des sozialen Engagements und seine Bedeutung für ältere Menschen, Praxisbeiträge und bürgerschaftliches Engagement im 3. Lebensalter; Band 13; Institut für Soziale Infrastruktur, Frankfurt am Main 2002

IGL, Gerhard/ SCHÜNEMANN, Doris/ GERSTE, Bettina (Hrsg.): Qualität in der Pflege - Betreuung und Versorgung von pflegebedürftigen alten Menschen in der stationären und ambulanten Altenhilfe; Schattauer Verlag, Stuttgart 2002

KLIE, Thomas/ BLAUMEISER, Heinz: Perspektive Pflegemix, Pflegekulturelle Orientierung im Wandel der Zukunft der Pflege in: BUHL, Anke (Hrsg.): Das Pflegewesen und die Pflegebedürftigen: Analysen zu Wirkungen der Pflegeversicherung und ihrem Reformbedarf; Mabuse Verlag, Frankfurt am Main 2002

LAMNEK, Siegfried: Qualitative Sozialforschung - Band 1 Methodologie; Beltz Verlag, München, Weinheim, 3. Auflage 1995a

LAMNEK, Siegfried: Qualitative Sozialforschung - Band 2 Methoden und Techniken; Beltz Verlag, Weinheim, München, 3. Auflage 1995b

MAYRING, Philipp: Einführung in die Qualitative Sozialforschung; Beltz Verlag, Weinheim, Basel, 5. Auflage 2002

MEYER, Peter/ BUDOWSKI, Monica. Bezahlte Laienhilfe und freiwillige Nachbarschaftshilfe; Seismo Verlag, Zürich 1993

MÜLLER-KOHLENBERG, Hildegard: Laienkompetenz im psychosozialen Bereich - Beratung, Erziehung, Therapie; Leske + Budrich, Opladen 1996

OTTO, Ulrich/MÜLLER, Siegfried/BESENFELDER, Christine: Bürgerschaftliches Engagement –Eine Herausforderung für Fachkräfte und Verbände; Leske + Budrich, Opladen 2000

Robert-Bosch-Stiftung: Ehrenamt in der Bürgergesellschaft, Band 1., Stuttgart 2000a

Robert-Bosch-Stiftung: Qualifizierung für Ehrenamt und Freiwilligkeit,

Band 3., Stuttgart 2000b

SCHMIDT, Roland/ THIELE, Albert (Hrsg.): Konturen der neuen Pflegelandschaft - Positionen, Widersprüche, Konsequenzen; Transfer Verlag, Regensburg 1998

WÄCHTLER, Claus (Hrsg.): Demenzen- Frühzeitig erkennen, aktiv behandeln, Betroffene und Angehörige effektiv unterstützen; Thieme Verlag, Stuttgart, New York 1997

ZEMANN, Peter: Vernetzung von Lebenswelt und Professionen in der Pflege in: SCHMIDT, Roland/ THIELE, Albert (Hrsg.): Konturen der neuen Pflegelandschaft - Positionen, Widersprüche, Konsequenzen; Transfer Verlag, Regensburg 1998

ZEMANN Peter: Häusliche Altenpflegearrangements – Mikropolitik und Vertrauen in: BUHL, Anke (Hrsg.): Das Pflegewesen und die Pflegebedürftigen: Analysen zu Wirkungen der Pflegeversicherung und ihrem Reformbedarf; Mabuse Verlag, Frankfurt am Main 2002

Beiträge in Zeitschriften:

BRAUN, Peter: Schulung pflegender Angehöriger – Mehr Beratung für pflegende Angehörige und Ehrenamtliche in: Häusliche Pflege 2/2003; Vincentz Verlag Hannover, S. 30-32

BUHL, Anke/ ENTZIAN, Hildegard: Wandel gestalten - Wege zu lebensweltbezogenen Unterstützungsformen für gerontopsychiatrisch erkrankte Menschen und ihre Angehörigen in: Zeitschrift für Gerontologie und Geriatrie; Band 35, 3/2002; Steinkopf Verlag, S. 181-185

KÄMMER; Karla: Der Beitrag professioneller Pflege zur

Lebensweltgestaltung von Menschen mit Demenz in: Zeitschrift für Gerontologie und Geriatrie; Band 35, 3/2002; Steinkopf Verlag, S. 186-189

KLIE, Thomas/ SCHMIDT, Roland: Begleitung von Menschen mit Demenz - Bestandsaufnahme und Formulierung demenzpolitischer Desiderate und Option in: Zeitschrift für Gerontologie und Geriatrie; Band 35, 3/2002; Steinkopf Verlag, S. 199-209

KLIE, Thomas/ SCHMIDT, Roland: Demenz und Lebenswelten in: Zeitschrift für Gerontologie und Geriatrie; Band 35, 2/2002; Steinkopf Verlag, S. 177-179

KLIE, Thomas/ TRILLING, Angelika: Die Pflegebereitschaft sinkt in: Häusliche Pflege 4/2002; Vincentz Verlag Hannover, S. 18-23

KLINGBEIL-BUKSI, Darren: Die Pflege der Profis ergänzen in: Häusliche Pflege 9/2002; Vincentz Verlag Hannover, S. 38-41

KURATORIUM DEUTSCHE ALTERSHILFE: PQsG, HeimG, PflEG, FPP mit DRG – was bringen die gesetzlichen Neuerungen in: Pro Alter 2/2002, S. 58-64

STEINER, Barbara: Den Wandel mitgestalten – Sozialarbeit und Bürgerschaftliches Engagement in Pflegeheimen in: Blätter der Wohlfahrtspflege 6/2002, S. 195-198

STEINER, Irene: Ein neuer Weg –Bürgerengagement in der Pflege – von der Utopie zum Projekt in: Blätter der Wohlfahrtspflege 9 + 10/2000, S. 195-198

TEWS, Bernd: Eine Leistungslücke schließen Betreuung Demenzkranker in: Häusliche Pflege 1/2003; Vincentz Verlag Hannover, S. 16-20

VOGEL, Georg: Schulung Ehrenamtlicher – Den Bedürfnissen der Teilnehmer gerecht werden in: Häusliche Pflege 11/2002; Vincentz Verlag Hannover, S. 26-31

WEIFFEN, Brigitte/ GRAEFF, Peter: Haupt- und Ehrenamtliche in der Sozialen Arbeit – Konfliktfelder und Lösungsansätze in: Sozialer Arbeit 4/2002

Graue Literatur:

Alexianer Krankenhaus: Modellprojekt "LichtBlick" -Häuslicher Besuchsdienst für psychisch erkrankte ältere Menschen und ihrer Angehörigen, Jahresbericht; Münster 2001

Ambet e. V.: Kurzkonzept Gerontopsychiatrische Beratungsstelle, Braunschweig

Ambet e. V.: Niedrigschwellige Betreuungsangebote bei ambet e. V., Braunschweig

Ambet e. V.: Gerontopsychiatrische Beratungsstelle - Bericht 2002, Braunschweig

Angehörigenberatung Nürnberg e. V.: Für ein paar Stunden Urlaub - Die stundenweise Entlastung pflegender Angehöriger von Demenzkranken durch freiwillige Helferinnen; Nürnberg 1998

Bagso Nachrichten online 04/2002: Ehrenamtliches Engagement in Betreuung und Pflege von Demenzkranken in: www.bagso.de/888/04_2_15.htm vom 25.02.03

Bundesverband privater Anbieter sozialer Dienste in: www.bpa.de/positionen/geplantegesetze/17-printer.shtml

Deutsche Alzheimer Gesellschaft e. V.: Antwort auf die Befragung von

Betroffenen-Vereinigungen durch den Sachverständigenrat für die Konzertierte Aktion im Gesundheitswesen; Berlin 2000 in www.deutsche-alzheimer.de vom 14.06.2000

HUMMEL, Konrad: Grundrisse einer Politik des Bürgerengaments – Die Landespolitik vor neuen Aufgaben in: www.freiwillig.de/right/service/...traegesymposium260401/hummel260401.html

Itf Schwerin: Curriculumentwicklung in: www.itf-schwerin.de/wissen-db/2340-1.htm vom 10.02.2003

NAEGELE, Gerhard/ REICHERT, Monika/ CARELL, Angela: Häusliche Pflege demenzkranker alter Menschen - eine kritische Analyse existierender Unterstützungsangebote für pflegende Angehörige; Friedrich-Ebert-Stiftung in: www.library.fes.de/fulltext/asfo/00982toc.htm vom 05.05.2003

Niedersächsische Landesregierung: Verordnung über die Anerkennung von niedrigschwelligen Betreuungsangeboten nach § 45b des Elften Buch des Sozialgesetzbuchs (AnerkVO-SGB XI) vom 28.08.2002

Qualitätsstandards für freiwilliges Engagement in den sozialpsychiatrischen Trägervereinen des Dachverbandes Psychosoziale Hilfsvereinigungen e. V. in: www.ehrenamt.de/sec4/item3e.html vom 17.12.2002

Anhang

Anhang I

I a. Anerkennungsverordnung zum § 45b SGB XI

Anhang II

II a. Konzept Niedrigschwelliger Betreuungsangebote

II b. Schulungsplan

Anhang III

III a. Leitfaden Experteninterviews

III b. Paraphrase - Experteninterviews

III c. Leitfaden – Teilnehmende Beobachtung

III d. Paraphrase – Teilnehmende Beobachtung

III e. Fragebogen

III f. Fragebogen – Auswertung

Nds. GVBl. Nr. 26/2002, ausgegeben am 6. 9. 2002

Verordnung über die Anerkennung von niedrigschwelligen Betreuungsangeboten nach § 45 b des Elften Buchs des Sozialgesetzbuchs (AnerkVO-SGB XI)

Vom 28. August 2002

Aufgrund des § 45 b Abs. 3 Satz 2 des Elften Buchs des Sozialgesetzbuchs (SGB XI) vom 26. Mai 1994 (BGBl. I S. 1014), zuletzt geändert durch Artikel 12 des Gesetzes vom 21. Juni 2002 (BGBl. I S. 2167), wird verordnet:

§ 1
Niedrigschwellige Betreuungsangebote

(1) Als niedrigschwellige Betreuungsangebote im Sinne der §§ 45 b und 45 c SGB XI sind Angebote anerkennungsfähig, in denen Helferinnen und Helfer unter pflegefachlicher Anleitung

1. die Betreuung von Pflegebedürftigen mit erheblichem Bedarf an allgemeiner Beaufsichtigung und Betreuung in Gruppen oder im häuslichen Bereich übernehmen sowie
2. pflegende Angehörige entlasten und beratend unterstützen.

(2) Zu den nach Absatz 1 anerkennungsfähigen niedrigschwelligen Betreuungsangeboten gehören insbesondere

1. Betreuungsgruppen für Menschen mit demenzbedingten Fähigkeitsstörungen, mit geistigen Behinderungen oder psychischen Erkrankungen,
2. Helferkreise zur stundenweisen Entlastung pflegender Angehöriger im häuslichen Bereich,
3. Tagesbetreuung in Kleingruppen oder Einzelbetreuung,
4. Familienentlastende Dienste.

§ 2
Anerkennungsvoraussetzungen

[1]Ein anerkennungsfähiges niedrigschwelliges Betreuungsangebot wird anerkannt, wenn

1. ein Konzept für ein auf Dauer ausgerichtetes Betreuungsangebot vorliegt, aus dem sich die Zielgruppe, der Umfang der Leistungen und die Methode der Betreuung ergeben,
2. die fachliche Anleitung, Schulung, kontinuierliche Begleitung und Unterstützung der Helferinnen und Helfer durch eine Fachkraft gewährleistet ist, und zwar insbesondere durch eine Pflegefachkraft, eine Ärztin, einen Arzt, eine Sozialpädagogin, einen Sozialpädagogen, eine Heilpädagogin, einen Heilpädagogen, eine Heilerziehungspflegerin, einen Heilerziehungspfleger, eine Psychologin oder einen Psychologen mit psychiatrischer, gerontopsychiatrischer oder heilpädagogischer Erfahrung,
3. gewährleistet ist, dass die Betreuung durch Helferinnen und Helfer erfolgt, die eine auf das Betreuungsangebot zugeschnittene Schulung zum Umgang mit den zu betreuenden Personen von mindestens 20 Stunden absolviert haben und sich diesbezüglich fortbilden, und
4. die Anbieterin oder der Anbieter zur Deckung von Schäden, die durch die angebotene Betreuung entstehen können, ausreichend versichert ist.

[2]Bei Gruppenbetreuung müssen außerdem hierfür geeignete Räumlichkeiten zur Verfügung stehen.

§ 3
Verfahren

(1) Die Anerkennung eines niedrigschwelligen Betreuungsangebotes bedarf eines schriftlichen Antrages.

(2) Wer für sein niedrigschwelliges Betreuungsangebot die Anerkennung erhalten hat, ist verpflichtet, der für die Anerkennung zuständigen Behörde auf Verlangen nachzuweisen, dass die Anerkennungsvoraussetzungen weiterhin vorliegen.

(3) Für die Anerkennung ist das Landesamt für Zentrale Soziale Aufgaben zuständig.

(4) Die Anerkennung begründet keinen Anspruch auf öffentliche Förderung.

§ 4
In-Kraft-Treten

Diese Verordnung tritt am Tage nach ihrer Verkündung in Kraft.

Hannover, den 28. August 2002

Die Niedersächsische Landesregierung

Gabriel Trauernicht

ambet

Ambulante Betreuung
hilfs- und pflegebedürftiger
Menschen e.V.

Niedrigschwellige Betreuungsangebote bei ambet e.V.

Pflegende Angehörige von demenzkranken Menschen sind von der Betreuung und Pflege der Erkrankten häufig ‚rund um die Uhr' in Anspruch genommen. Diese Anbindung wird als enorme Belastung erlebt und kann dazu führen, daß die Pflege und Betreuung des Erkrankten zu Hause als nicht mehr leistbar erlebt wird.

Mit dem Pflegeleistungsergänzungsgesetz (PfLEG) unterstützt der Gesetzgeber eine Entlastung der pflegenden Angehörigen, indem er bei Vorliegen der gesetzlichen Voraussetzungen (§45 SGBXI) einen Anspruch des Pflegebedürftigen auf 460 Euro je Kalenderjahr für zusätzlichen qualitätsgesicherten Betreuungsbedarf formuliert. Neben der Möglichkeit, mit diesem Geld Aufwendungen für Leistungen der Tages-, Nacht- oder Kurzzeitpflege oder Angebote der allgemeinen Anleitung und Betreuung durch zugelassene Pflegedienste zu bezahlen, soll die Nutzung niedrigschwelliger Betreuungsangebote gefördert werden. Diese Betreuung kann sowohl in Form von Einzelbetreuung für die erkrankten Menschen als auch im Rahmen von Betreuungsgruppen für diesen Personenkreis erfolgen. Hierbei soll es sich um niedrigschwellige Angebote handeln, da diese vor allem durch Nähe zum Wohnquartier und unbürokratische Organisation einfach zu nutzen sind

Der Verein ‚ambet' ist bereits seit fast 20 Jahren in der Versorgung und Betreuung älterer Menschen tätig und somit gut in die Versorgungsstrukturen der Stadt Braunschweig eingebunden. Beratungs- und Gruppenangebote für pflegende Angehörigen sind seit 15 Jahren ein fester Bestandteil der Arbeit. In dieser Zeit zeigte sich, daß der größte Unterstützungsbedarf bei pflegenden Angehörigen von demenzkranken Menschen liegt. Aufgrund der bisherigen Beratungsarbeit bestehen daher bereits vielfältige Kontakte zu betroffenen Familien bzw. pflegenden Angehörigen.

Die Gerontopsychiatrische Beratungsstelle des Vereins, die auch Kontaktstelle der Braunschweiger Alzheimer Gesellschaft e.V. ist, bietet einen guten Rahmen für die neuen Angebote. Durch Einzel- und Gruppenangebote und andere Beratungshilfen werden bereits viele pflegende Angehörige erreicht. Entsprechende Räumlichkeiten, die für eine gute Qualität bei der Gruppenarbeit eine große Rolle spielen, stehen somit bereits zur Verfügung.

Die bestehenden Beratungshilfen sollen durch die niedrigschwelligen Betreuungsangebote des PfLEG sinnvoll ergänzt werden, insbesondere die Einbindung ehrenamtlicher Helfer über das neue PfLEG erscheint hierbei vorteilhaft. Dem entsprechend wird eine intensive und kontinuierliche Öffentlichkeitsarbeit zur Gewinnung von ehrenamtlichen Helfern und Erreichung potentieller Nutzer ein wichtiger Bestandteil der koordinierenden Arbeit sein.

Im Folgenden wird unter **Punkt 1** zunächst das **Konzept für die Einzelbetreuung demenzkranker Menschen** beschrieben, unter **Punkt 2** folgt das **Konzept für die Betreuungsgruppen für demenzkranke Menschen.**

1. Einzelbetreuung demenzkranker Menschen

Noch immer wird die Mehrheit der demenzkranken Menschen in privater Häuslichkeit von Angehörigen betreut. Vielfach reduzieren die Angehörigen im Lauf der Zeit die eigenen Interessen und Aktivitäten, da es ihnen ab einem bestimmten Stadium der Erkrankung nicht mehr möglich ist, den Erkrankten allein zu lassen. Eine Situation, die auf Dauer in der Regel ein Höchtmaß an Belastungserleben und sozialer Isolation zur Folge hat.
Eine stundenweise Entlastung der Angehörigen in ihrer Rolle als Betreuungs-/Beaufsichtigungsperson durch qualifizierte Laienhelfer/Laienhelferinnen kann hier in kurzer Zeit deutliche Entspannung bewirken und somit zur Aufrechterhaltung der Pflegebereitschaft beitragen.

Die Einzelbetreuung erfolgt auf Grundlage des folgenden Konzepts:

- **Zielgruppe**
  Pflegebedürftige Menschen mit demenzbedingten Fähigkeitsstörungen oder anderen gerontopsychiatrischen Erkrankungen, die aufgrund ihrer individuellen krankheitsbedingten Einschränkungen ein hohes Maß an Beaufsichtigung und Betreuung bedürfen

- **Ziel**
  Entlastung von pflegenden Angehörigen durch Sicherstellen einer angemessenen Beaufsichtigung und Betreuung des erkrankten Menschen bei Abwesenheit/Verhinderung des betreuenden Angehörigen

- **Methode/Inhalt**
  Die Einzelbetreuung von gerontopsychiatrsich erkrankten Menschen in der Häuslichkeit wird durch Helfer/Helferinnen sichergestellt, die für ihre Tätigkeit mit den erkrankten Menschen eine entsprechende Schulung und Fortbildung erhalten. Darüber hinaus werden die Helfer/Helferinnen kontinuierlich fachlich begleitet und unterstützt (s. auch Abschnitt Qualitätssicherung / Schulung der Helfer/Helferinnen)

- **Einsatzrahmen**
  Die Helfer/Helferinnen übernehmen die stundenweise Betreuung von erkrankten Personen in der vorhandenen Häuslichkeit. Die Einsätze erfolgen nach Absprache mit den pflegenden Angehörigen.

...3

- **Koordination**
  Die Planung, Organisation, Koordination und der Aufgaben sowie die fachliche und psychosoziale Anleitung/Begleitung und Unterstützung erfolgt durch eine sozialpädagogische/pflegerische Fachkraft, die über Erfahrungen in der Arbeit mit demenzkranken Menschen und ihren Angehörigen sowie im Bereich Öffentlichkeitsarbeit verfügen sollte. Sie sichert damit den Rahmen für die erforderliche Qualität, Kontinuität und Verlässlichkeit der Angebote.

- **Qualitätssicherung - Schulung /Begleitung der ehrenamtlichen Helfer/Helferinnen**
  Die Betreuung von gerontopsychiatrisch erkrankten Menschen erfordert besondere Kenntnisse und Fähigkeiten.
  Die Helfer/Helferinnen werden auf ihre Tätigkeit in der Einzelbetreuung bzw. in der Betreuungsgruppe durch angemessene Schulung vorbereitet. Im Rahmen dieser Schulung werden grundlegende Informationen zum Krankheitsbild, zum angemessenen Umgang mit demenzkranken Menschen sowie zur Situation der pflegenden Angehörigen vermittelt. Darüberhinaus werden Themen wie Kommunikation und Gesprächsführung, Gestaltung von Gruppenstunden, Tagessgestaltung, Grundfertigkeiten für den pflegerischen Umgang sowie rechtliche Rahmenbedingungen behandelt.
  Außerdem erfolgt eine fachliche Begleitung der Helfer/Helferinnen in Form von regelmäßiger Supervision /Beratung durch eine entsprechende Fachkraft. Diese begleitende Unterstützung und Anleitung ist gerade für ehrenamtlich tätige Helfer/Helferinnen dringend erforderlich, um die z.T. auch belastenden/schwierigen Situationen in der Betreuung angemessen einschätzen und verarbeiten zu können. Regelmäßige Teambesprechungen sichern eine kontinuierliche Information und persönliche Einbindung.

- **Finanzierung / Kosten**
  Die eingesetzten Helfer/Helferinnen erhalten eine Aufwandsentschädigung in Höhe von ca. 6-8 €/Stunde. Diese Kosten können aus dem 460 Euro-Budget des PfLEG erstattet werden.

2. Betreuungsgruppen für demenzkranke Menschen

Neben der eher individuell ausgerichteten Einzelbetreuung in der eigenen Häuslichkeit bietet die Betreuung in Gruppen für Demenzerkrankte die Möglichkeit einer zusätzlichen sozialen Aktivierung.
Vielfach nehmen die Kontakte der Erkrankten im weiteren Krankheitsverlauf immer mehr ab, sodass sich die Kommunikation zunehmend auf die Kernfamilie beschränkt. Aktivierende und auf soziale Begegnungen ausgerichtete Betreuungsgruppen können hier für den Erkrankten neue Anregungen und Kontakte schaffen bei gleichzeitiger Entlastung der pflegenden Angehörigen. Diese können die Zeit, die der Erkrankte in der Gruppe verbringt, nach eigenen Bedürfnissen gestalten. Um diese Zeit auch als ‚ausreichend' zu erleben, sollten die Betreuungsgruppen einen zeitlichen Umfang von mindestens 2,5 bis 3 Stunden haben.

...4

- alle beteiligten erhalten Namensschilder, hier bieten sich bereits erste Anknüpfungspunkte für kleine Gespräche zum akklimatisieren an
- die Gruppenleitung eröffnet das Treffen; dies sollte in ritualisierter Form erfolgen, um den Wiedererkennungswert zu erhöhen
- mit aktivierenden leichten Bewegungsspielen beginnt das eigentliche Programm
- im Anschluß folgt eine Getränkepause
- mit erfrischter Stimme werden bekannte Lieder gesungen
- ein kurzes Ratespiel beendet den 1.Teil des Treffens
- bevor es nun zu einem gemeinsamen Kaffeetrinken übergeht, ist jetzt ein günstiger Zeitpunkt, um bei Bedarf Toilettengänge durchzuführen bzw. diese anzubieten
- im 2.Teil wird der Kaffeetisch gemeinsam gedeckt und ggf. jahreszeitlich geschmückt
- beim Kaffeetrinken werden Gespräche über vertraute, bekannte Themen angeregt
- zum Abschluß wird ein Abschiedslied angestimmt und alle Teilnehmer/Teilnehmerinnen werden persönlich verabschiedet

Die Inhalte der Gruppentreffen können vielfältig variiert werden (künstlerische Aktivitäten, Sinnesanregungen, traditionelle Spiele, jahreszeitlich orientierte Angebote etc.), der Rahmen soll jedoch immer gleichbleibend verlaufen, um so Sicherheit und Vertrautheit zu vermitteln.
Die Helfer/Helferinnen begleiten die Gruppengäste bei den Aktivitäten, indem sie sie bei Bedarf unauffällig unterstützen und in das Gruppengeschehen mit einbeziehen. Sie müssen dafür ein sehr gutes Empfinden für die individuelle Situation des einzelnen Erkrankten entwickeln, um soviel Hilfe wie nötig zu geben und dabei gleichzeitig soviel Selbständigkeit wie möglich zu erhalten.

- **Zeitrahmen**
  Die Gruppe findet 1x wöchentlich als 3stündiges Angebot statt. Ein fester Termin und Wochentag für die Gruppentreffen gibt den Angehörigen Planungssicherheit, um ggf. eigene Termine wahrzunehmen.

- **Teilnehmer/Teilnehmerinnen**
  Die Zahl der teilnehmenden Erkrankten sollte zwischen 5 und max. 8 Personen liegen, um die gesamte Gruppengröße (mit Helfern und Helferinnen) in einem überschaubaren Rahmen zu halten.

- **Personelle Begleitung**
  Zur Durchführung der Gruppenarbeit werden neben der Leitung die geschulten, ehrenamtlichen Helfer/ Helferinnen eingesetzt. Unter fachlicher Anleitung begleiten sie die Erkrankten in der Gruppenzeit unter besonderer Berücksichtigung der jeweils individuellen Situation. Je nach Gruppenzusammensetzung soll das Betreuungsverhältnis von Teilnehmenden zu Helfenden 2:1 bis 1:1 sein.
  Die Helfer/Helferinnen erhalten für die Tätigkeit in den Gruppen eine Aufwandsentschädigung von ca. 6 –8 €/Stunde.

...6

- **Räumlichkeiten**
  Die Gruppe findet in einem angemessen großen, hellen Raum statt, der für die Betreuung dieses Personenkreises sehr gut geeignet erscheint.
  Neben Tischen und Stühlen für die Gruppenarbeit ist der Raum auch mit einem Sofa ausgestattet, sodass bei Bedarf eine individuelle Rückzugsmöglichkeit aus dem Gruppengeschehen heraus möglich ist. Die Größe des Raumes bietet außerdem die Möglichkeit, bewegungsintensive Angebote problemlos durchzuführen. Gemeinschaftliche hergestellte Kunstwerke könnten im Raum ausgestellt werden.

- **Qualitätssicherung - Schulung/fachliche Begleitung der ehrenamtlichen Helfer/Helferinnen.**
  Die Helfer/Helferinnen werden auf ihre Tätigkeit in der Betreuungsgruppe durch angemessene Schulung vorbereitet und erhalten eine fachliche Begleitung (s. gleichnamigen Abschnitt unter Punkt 1).

- **Personelle Ausstattung**

  Durch Anbindung an die bereits bestehenden Angebote des Vereins ‚ambet' sind gewisse Synergieeffekte möglich. Daher erscheint für die Umsetzung der beschriebenen Maßnahmen folgende Personalausstattung angemessen:

  1 Dipl.Sozialpäd./arb. bzw. Pflegefachkraft (anteilig)
  1 Verwaltungskraft (anteilig)

- **Versicherungsschutz**
  Die ehrenamtlichen Helfer/Helferinnen werden von Seiten des durchführenden Trägers für in Zusammenhang mit den Betreuungsangeboten entstehenden Schäden versichert

Der **Maßnahmebeginn** (Werbung/Schulung der Helfer/Helferinnen, Bekanntmachung des Angebotes in der Öffentlichkeit) ist für Januar 2003 vorgesehen. Im Frühjahr 2003 soll mit den Gruppenangeboten begonnen werden.

ambet
Gerontopsychiatrische Beratungsstelle

Zeitplan/Inhalte

HelferInnenschulungen Kurs I

Datum: 28.02. und 01.03.2003, Wochenende 1
28.03. und 29.03.2003, Wochenende 2
Uhrzeit: jeweils Freitags, 15.00 Uhr – 18.30 Uhr
und Samstags, 10.00 Uhr – 16.00 Uhr
Ort: Nachbarschaftshilfe Weststadt
Lichtenberger Straße 24, Telefon 84 72 72

Wochenende 1

Themen:	Zeit:	Referenten:
Einführung, Kennenlernen	15.00 – 15.30 Uhr	
Eigenes Interesse an diesem Thema		
Krankheitsbild, Diagnose, Medikamente	15.30 – 16.45	
Pause	*16.45 – 17.00 Uhr*	
(Sozial-) Rechtliche Rahmenbedingungen	17.00 – 18.15 Uhr	
Abschlussrunde	18.15 – 18.30 Uhr	
Was war wichtig für Sie?		
Anfangsrunde	10.00 – 10.15 Uhr	
Wie war der Abend? Was hat Sie noch beschäftigt?		
Symptome und Erklärungsansätze	10.15 – 11.45 Uhr	
Erarbeitung in der Gruppe,(jeder bekommt drei Zettel), Vortrag dementielles Verhalten verstehen		
Pause	*11.45 – 12.00 Uhr*	
Situation der pflegenden Angehörigen	12.00 – 13.00 Uhr	
Vortrag und Diskussion		
Mittagspause 13.00 Uhr – 14.00 Uhr		
Gestaltung der Angehörigen Kontakte	14.00 – 14.45 Uhr	
Rollenspiele: Erstkontakt, Beschwerde, Schlechtes Gewissen		
Entlastungsmöglichkeiten für Angehörige	14.45 – 15.30 Uhr	
Erarbeitung der Liste, vorstellen der Angebote		
Abschlussrunde	15.30 – 16.00 Uhr	
Resüme des ersten Wochenendes, hat sich in der Sichtweise Demenzkranke, Angehörige etwas verändert?		
Vorschau auf das 2. Wochenende		
Grundfertigkeiten für den pflegerischen Umgang	2,0 Std	Pflegefachkraft
Handlungshilfen zum Umgang	3,0 Std	Sozialpädagogin
Basiswissen für die Tagesstrukturierung	1.0 Std	Sozialpädagogin
Gesprächsführung, Gruppenarbeit	3,0 Std	Sozialpädagogin
Ernährungsprobleme bei Demenz	1,0 Std	Pflegefachkraft

Interview-Leitfaden

Frau Frau Dipl. Psych. Gertrud Terhürne, Gerontopsychiatrische Beratungsstelle, "ambet e.V."

Datum: 20.02.2003

- Veränderungen, die das PfleG mit sich gebracht hat
- Positive Veränderungen
- Negative Aspekte
- Welche Auswirkungen hat das PfleG für die Betroffenen?
- Welche Auswirkungen hat das PfleG für die Angehörigen?
- Schaffung niedrigschwelliger Angebote, welche Bedingungen müssen gegeben sein; welche Angebote gibt es bereits, welche sollten noch gestärkt werden?
- Schulungsmaßnahmen für HelferInnen
- (Vor-)Bedingungen an die HelferInnen
- Welche Aufgaben sollen die HelferInnen erfüllen?
- Wo sind die Grenzen der Einsätze?
- Wie sehen die Rahmenbedingungen für HelferInnen aus?
- Die erste Schulungsmaßnahme bei ambet e.V.
- Erfahrungen (hinsichtlich der quantitativen Teilnahme, dem Interesse der TeilnehmerInnen an diesem Schulungskonzept, die Persönlichkeiten der zukünftigen HelferInnen)
- Schulungsverlauf (Änderungen, methodische Vorgehensweise, zeitlicher Rahmen, Themenauswahl)
- Standards für HelferInnen-Schulungen – sinnvoll oder überflüssig?

- Entwicklung von Qualitätsstandards (Curricula) zur Verbesserung der ehrenamtlichen Arbeit?

- Wie ist das Zusammenspiel professioneller Hilfe zu den ehrenamtlichen HelferInnen?
- Visionen für die Zukunft in der Arbeit mit Demenzerkrankten und ihren Angehörigen

Interview-Leitfaden

Frau Dipl. Soz. Päd. Karls, Nachbarschaftshilfen Nord-West, "ambet e. V."
Datum: 26.03.2003

- Aufgaben als Koordinatorin der Nachbarschaftshilfen bei ambet
- Das PflEG - die NH haben es sich zur Aufgabe gemacht, mit den HelferInnen der NH ein „neues“ Angebot zu schaffen. Vorteile und Nachteile des PflEG für Betroffene und Angehörige
- Welchen Vorteil hat es das neue Projekt bei der NH anzusiedeln?
- Veränderte Bedingungen für die HelferInnen in der Dementenbetreuung
- Wie wurden die zukünftigen Helferinnen auf ihr neues Einsatzgebiet vorbereitet?
- Wie werden die Rahmenbedingungen sein? (Aufwandsentschädigung, Begleitung etc.)
- Qualitätsstandards (Stellenbeschreibungen, Dokumentationen, Fortbildungen, Begleitung)
- Problematiken in den Schnittstellen zwischen Profis und Laienhilfe
- Visionen hinsichtlich der Arbeit mit LaienhelferInnen, der Betreuung von Dementen und ihrer Angehörigen

Interview-Leitfaden

Projekt "LichtBlick" Alexianer Krankenhaus, Münster

Datum: 12.05.2003

- Erkenntnisse aus dem Modellprojekt aus den Jahren 2001/2002
- Welche Veränderungen haben sich durch das PflEG ergeben?
- Wie sieht die gerontopsychiatrische Versorgung im städtischen – ländlichen Bereich Münsters aus?
- Finanzierung der Schulungen und Begleitung von LaienhelferInnen nach der Modellprojektphase
- Erfahrungen mit dem Curriculum
- Die Rekrutierung von LaienhelferInnen (Begriff Wandel des Ehrenamtes, hinsichtlich Motivationen, der Umgang mit Aufwandsentschädigungen)
- Gibt es Probleme beim Einsatz von LaienhelferInnen? Wenn ja, welche?
- Welche Themengebiete sind für die LaienhelferInnen besonders wichtig?
- Wie wird die Praxisbegleitung/Supervision (wenn sie nicht verpflichtend ist) von den HelferInnen angenommen?
- Wie gestaltet sich die Zusammenarbeit mit Professionellen, die an der Pflege/Betreuung von Demenzerkrankten beteiligt sind? (Schnittstellenproblematik)
- Welche Erfahrungen wurden mit dem Dokumentationssystem gemacht?
- Visionen für die Arbeit mit psychisch kranken Menschen und an die Versorgungsstrukturen

Interview-Leitfaden

Angehörige

Datum: 23.04.2003

- Fragen zur Person (Pflege/Betreuung wie lange; Arbeit in der Alzheimer Gesellschaft)
- Erfahrungen mit dem PvG hinsichtlich der Betreuung von Demenzerkrankten
- Welche Veränderungen hat das PflEG für Demenzerkrankte und ihre Angehörigen gebracht?
- Welche Belastungen sind für Angehörige als besonders schwerwiegend zu nennen?
- Die derzeitigen Versorgungsstrukturen, sind sie ausreichend? Wenn nein, wo und was fehlt?
- Welche Erwartungen haben Sie an LaienhelferInnen, die nach dem neuen Gesetz entweder in Betreuungsgruppen oder in der Betreuung in der häuslichen Umgebung eingesetzt werden?
- Wünsche und Visionen für die zukünftige Entwicklung der Versorgung und Betreuung von Demenzkranken

Paraphrase – Interview Frau Terhürne

Zur Frage nach Veränderungen durch das PflEG in positiver und negativer Weise gibt Frau T. zur Antwort, dass dies eigentlich nur aus Sicht der Angehörigen beantwortet werden kann. Es eröffnet sich die Möglichkeit, Dinge, die im Entlastungsbereich angeboten werden, im Erstattungsprinzip abrechnen zu können. Versorgungsstrukturen gibt es in BS aber nur bedingt. Das bedeutet, dass Angehörige auch nach fast einem Jahr des PflEG keine Möglichkeit haben hier abzurechnen. Aber durch das Gesetz wurden Träger auf den Weg gebracht neue Strukturen anzuschieben, hinsichtlich z. B. Einzelbetreuung und Betreuungsgruppen. Für die Träger hat es den Vorteil, dass sie über die Förderungsmöglichkeiten sich neue Angebote schaffen können. Dies hat einen besonderen Vorteil, in Zeiten, in denen die Kassen knapp sind. Auf diese Weise kann die Versorgung verbessert werden. Allerdings mahlen die Mühlen sehr langsam, was die Zusagen über Förderungen betrifft, dies wäre als Nachteil zu nennen. Niedersachsen hat hier im Gegensatz zu anderen Bundesländern besonders lange gebraucht erst einmal die Verordnung zu akzeptieren, auch die Ausführungsbestimmungen sind noch nicht verabschiedet. Es zieht sich alles hin, die Träger stehen in den Startlöchern, haben aber keine Absicherung.

Zur Frage nach den positiven Aspekten für die Betroffenen gibt Frau T. zur Auskunft, dass unabhängig vom PflEG die Erfahrung gemacht wurde, dass die Gruppenangebote, die ja hauptsächlich zur Entlastung von Angehörigen initiiert wurden, auch einen positiven Aspekt für die Situation der Erkrankten haben. Einmal weil sie aus der Isolation der häuslichen Umgebung einen anderen Zugang zur Welt und zum Leben bekommen. Zum anderen bekommen sich durch den Umgang mit anderen Erkrankten ein anderes Erleben ihrer Person ermöglicht. Sie können merken, dass sie bestimmte Sachen noch können, auf diese Weise wird das Selbstwertgefühl angehoben. Zudem scheint es so zu sein, dass Demente, wenn sie mit anderen Dementen zusammen betreut werden, eigene Kommunikationsformen entwickeln, die von Nicht-Dementen nicht verstanden werden. Dazu kommt noch, dass die Dementen sich von der totalen Abhängigkeit zum Angehörigen entlasten können. Es bedeutet auch für die Kranken eine Belastung auf eine Person angewiesen zu sein und sich als Last für diese Person zu empfinden.

Es sollen ja nun niedrigschwellige Angebote initiiert werden. Allerdings gibt es auf diesem Gebiet schon einiges. Frau T. benennt diese wie folgt: Seit 1987 gibt es bei ambet Gesprächskreise für Angehörige, zielgruppenorientiert einmal für Partner und einen Gesprächskreis für Töchter und Schwiegertöchter. Parallel dazu konnten

Betreuungsgruppen angeboten werden, da ambet ein Bundesmodellprojekt des Bundesministerium war. Diese Betreuungsgruppen waren an die Gesprächskreise gekoppelt, und fanden deswegen nur für zwei Stunden statt. Dies war der Anfang in Braunschweig. Inzwischen gibt es auch reine Betreuungsgruppen, die aber für Angehörige nicht unbedingt eine Entlastung bieten. Beim Informationskurs der AOK werden parallel Betreuungen angeboten. Die Diakonie bietet eine Frühstücksgruppe für Erkrankte über einen ganzen Vormittag an. Zusätzlich gibt es noch teilstationäre Angebote, wie die Tagespflege, die man auch durch das PflEG finanzieren kann, das heisst, das hier die Möglichkeit besteht den Eigenanteil zu bezuschussen. Ansonsten gibt es niedrigschwellige Angebote nicht flächendeckend wie zum Beispiel in Baden-Württemberg. Das ist das Ziel der Zukunft, und es wird auch für wichtig erachtet diese Betreuungsgruppen möglichst wohnortnah anzubieten, damit auch ein wirklicher Entlastungseffekt für die Angehörigen entsteht. Es ist deutlich geworden, dass die Nachfrage nach solchen Angeboten stark gestiegen ist. Das betrifft auch die Einzelbetreuung, die von ambet auch schon recht lange gemacht wird. Sie nennt sich Vertretungsdienst im häuslichen Bereich. Der Bedarf hierfür ist da, vor allen Dingen weil ja die Angehörigenpflege gesellschaftlich weiterhin gestärkt und gefördert werden soll. Dazu braucht es Maßnahmen, auf die die Angehörigen zurückgreifen können. Da gerade die Betreuung von Dementen besonders prädestiniert ist, da hier ist eine enorme zeitliche Angebundenheit erforderlich ist, die bei keinem anderen Krankheitsbild so vorgefunden wird.

Frau T. gibt zur Auskunft, dass Vorbedingungen für HelferInnen in der Dementenbetreuung einmal durch ihre Freiwilligkeit gekennzeichnet sind. Die HelferInnen werden aber trotz der vom Gesetz vorgeschriebenen Schulung keine professionellen Helfer, sondern sie bleiben geschulte Laienhelfer. Auch die Angehörigen, die diese Arbeit 24 Stunden am Tag leisten, sind in der Regel Laienhelfer. Und durch die Unterstützung der Angehörigen ist die Arbeit auf derselben Ebene anzusiedeln. Der Laienhelferstatus setzt die Freiwilligkeit voraus, persönliches Interesse, die vom Gesetzgeber geforderte Schulung und gewisse soziale Kompetenzen. Diese müssen aber nicht unbedingt im Vorfeld überprüft werden. Zum einem kann in der Schulungsmaßnahme durch Beobachtung und Aufmerksamkeit der Kursleiter eine Feststellung getroffen werden. Man würde diese Beobachtungen dann an die Koordinatoren weitergeben. Die Praxiseignung kann dann auch zusätzlich in den begleitenden Gruppen, in denen die Praxiseinsätze supervidiert werden, festgestellt werden. Stellt man dann eine Überforderung fest, würde man in Einzelgesprächen darauf hinweisen, doch von dieser Arbeit abzusehen.

Die Grenzen der Einsätze durch die Laienhilfe sind nach Meinung von Frau T. dadurch gekennzeichnet, dass es hier nicht um therapeutische Maßnahmen geht in Richtung ergotherapeutischer oder krankengymnastischer Maßnahmen. Der Schwerpunkt der Arbeit liegt in der Notwendigkeit der Präsenz, die die Demenz mit sich bringt. Je nach Geschick der Person kann diese sicher auch Anregungen für eine Beschäftigung geben, die aber nicht einen therapeutischen Charakter haben. Falls sie dennoch einen therapeutischen Effekt haben, sind sie nicht von vornherein zielgerichtet. Hierin liegt die Abgrenzung, dass es sich um eine nicht zielgerichtete, geplante therapeutische Einheit handelt. Die Laienhelfer stehen auch ganz klar an der Grenze im pflegerischen Bereich. Diese sollen nur gemacht werden, wenn sie sich nicht vermeiden lassen, wie z. B. bei Toilettengängen. Die HelferInnen bekommen zwar pflegerische Grundbegriffe gezeigt, bleiben aber dennoch HelferInnen.

Das Zusammenwirken von Professionellen und LaienhelferInnen in diesem Bereich ist neu und wurde bis jetzt kaum wahrgenommen. Es handelt sich hier um Tätigkeiten, die zusätzlich laufen, der in dieser Professionalität nicht durchgeführt wird. Da es ja hierfür bis jetzt auch noch keine Finanzierung gegeben hat, mussten Angehörige dies privat finanzieren. Das heisst beide Bereiche werden im Grunde nebenher laufen. Dennoch gibt es Befürchtungen, wie immer wenn etwas Neues eingeführt wird. Aber je klarer das Profil wird, dass es sich hier um Laienhilfe handelt, desto schneller können die Befürchtungen aus dem Weg geräumt werden. Aus Frau T.´s Sicht wird hier kein Potential aus dem pflegerischen oder therapeutischen Bereich abgezogen. Zudem haben die Träger die Möglichkeit, wenn sie solche Angebote schaffen, dies intern zu steuern, wie die Zusammenarbeit geregelt wird.

Erfahrungen, die Frau T. mit dem ersten Schulungsblock gemacht hat, zeigen ihr, dass bei den Helferinnen wenig Erfahrungen mit Dementen vorhanden waren. Wenn es Erfahrungen gab, wurden diese auch eingebracht, was besonders in der Gruppenarbeit deutlich wurde. Aus den Rückmeldungen wurde klar, dass die HelferInnen nach der Schulung mehr Klarheit über ihre Aufgaben gewonnen haben, und alle Teilnehmerinnen mit großem Interesse und praxisorientiert teilgenommen haben. Von der Professionalität gab es eine große Bandbreite, dennoch entstand bei Frau T. nicht der Eindruck, dass sich jemand gelangweilt hätte. Dies hatten auch einen positiven Effekt, dass sich die TeilnehmerInnen sozusagen gegenseitig mit ihren Erfahrungen bereichern konnten. Eine Homogenität der Gruppe war dadurch hergestellt, dass alle nach der Schulung im selben Bereich eingesetzt werden sollen. Dies macht einen Unterschied zu Schulungen aus, in denen Angehörige und Professionelle gemeinsam geschult werden. Hier können sich, was die Ansprüche inhaltlicher Art angehen, Probleme auftun. Außerdem kommen fast alle TeilnehmerInnen aus den NH, womit auch eine gewisse Homogenität hergestellt wird.

Qualitätsstandards für diesen Bereich sind durch den Gesetzgeber vorgegeben, indem er sagt, dass eine 20stündige Schulung erfolgen muss. Auch inhaltlich gibt es hier grobe Vorgaben. Aufgrund der Praxiserfahrung von ambet in diesem Bereich konnte auf diese und den Erfahrungen aus anderen Städten zurückgegriffen werden. Wichtig für HelferInnen ist es, ein Grundgerüst an theoretischen Kenntnissen zu erhalten über das Krankheitsbild und rechtliche Dinge. Wichtig ist es geschult zu werden, auf den Umgang und die Möglichkeiten hierzu mit dem Erkrankten. Wenn es darum geht Standards zu entwickeln, wäre es nötig bestimmte Schulungscurricula miteinander abzustimmen oder abzugleichen. Von ambet wird dies ein Stück soweit versucht, dass die Praxisbegleitung als zweiter Schulungsbaustein, Möglichkeiten der konkreten Überprüfung bietet. Hiermit wäre dann ein Qualitätsstandard erfüllt, da dann Korrekturen vorgenommen werden können durch Reflexion. Für weitere Schulungsmaßnahmen würde dies bedeuten, dass man hier auch weitere Erkenntnisse rausziehen könnte.

Der Gesetzgeber hat nur Leistungen bereitgestellt und Vorgaben hierfür geschaffen. Aus Sicht von Frau T. ist es bedauerlich, dass es mit den Formalien so schleppend vorangeht. Um neue Versorgungsstrukturen aufbauen zu können, brauchen Träger Geld, welches noch nicht fließt. Das hätte besser gestaltet werden können. Die 460 Euro, die den Angehörigen zur Verfügung stehen sind erst einmal besser als nichts. Aber in der Praxis bedeutet es, dass sie sich hiermit rund eine Stunde Entlastung pro Woche finanzieren können. Dies ist nicht viel und in keinster Weise eine ausreichende Investition.

Visionen, die Frau T. entwickeln würde für die Arbeit mit Dementen und Angehörigen, liegen nicht darin begründet neue Angebote zu schaffen, sondern eher darin, dass durch ausreichend Praxiserfahrung immer deutlicher wird, wie wichtig Beratungen in diesem Bereich sind. Auch sind Gruppenangebote notwendig und Fortbildungen auch im professionellen Bereich. Diese Strukturen sind im Grunde bereits vorhanden, müssen aber in ländlichen Regionen noch stark ausgebaut werden. Mühsam ist nach wie vor, dass für diese Tätigkeiten die Finanzierungen immer wieder mit viel Energie erkämpft werden müssen. Es gibt keine Regelungen, dass man sich nicht jedes Jahr wieder mit Verwaltung und Politik auseinander setzen müsste und auch immer wieder in Frage gestellt wird. Inhaltlich gibt es hier zwar keine Zweifel, da der Bedarf auch durch Zahlen belegt werden kann. Dennoch ist es finanziell mühsam etwas hinzukriegen. Das ist für die Arbeit das dickste Fragezeichen, was die Einrichtung auch am dollsten belastet.

Paraphrase – Interview Frau Karls

Frau K.´s Arbeitsaufgaben liegen hauptsächlich in der Vermittlung von Hilfesuchenden. Sie führt Gespräche mit den Hilfesuchenden, führt Hausbesuche als Erstkontakt mit den HelferInnen durch und hält Kontakt zu den Hilfesuchenden und HelferInnen. Für die HelferInnen besteht die Möglichkeit einmal monatlich an einem Treffen teilzunehmen, an denen organisatorisches besprochen wird und die dem HelferInnen-Kontakt dienen. Für einsam lebende SeniorInnen bietet sie einmal wöchentlich eine Gruppe an. Frau K. hat eine Vollzeitstelle, so wie das bei allen NH üblich ist. Zum Teil, teilen sich aber zwei Sozialarbeiterinnen eine Stelle. Es ist immer wieder von seiten der Stadt von Kürzungen die Rede. Aber der Aufwand der Betreuung der Senioren und der Hilfesuchenden ist schon enorm groß. Sie sollen ja nicht nur „verwaltet" werden. Die persönlichen Kontakte zu den Senioren sind sehr wichtig, damit man auch erkennen kann, ob etwas gut läuft oder nicht. Gerade hier ist der persönliche Kontakt sehr wichtig, dass Frau K. davon erfährt, wenn Senioren in der Betreuung unzufrieden sind.
Die Motivation, sich bei den NH zu engagieren hat sich in den letzten Jahren doch sehr verändert. Viele müssen sich einfach „eine Mark" dazu verdienen. Die hohe Arbeitslosigkeit, die Alleinerziehenden tragen dazu bei, dass es für viele HelferInnen schon sehr wichtig ist, auch Geld für ihre Arbeit zu bekommen, Mit diesen HelferInnen hat Frau K. auch oft nicht so gute Erfahrungen gemacht, da sie nicht lange dabei bleiben. Diese vermittelt Frau K. dann auch nicht so gerne, sondern sie sieht zu, dass sie z. B. Frauen nach den Kindererziehungszeiten für die Arbeit bei den NH gewinnen kann.
Ob es hinsichtlich der Organisation und Betreuung der HelferInnen, die zukünftig in der Dementenbetreuung tätig sein werden, Veränderungen geben wird, vermag Frau K. noch nicht zu sagen. Bis jetzt wurden noch keine Dementen betreut, die bei den Angehörigen wohnen. Es gibt allerdings alleinstehende Demente, die von den NH betreut werden, da sie im Laufe der Betreuung dement bzw. verwirrt geworden sind. Zum Beispiel wird zur Zeit eine Dame betreut, bei der der Betreuungsaufwand inzwischen sehr groß geworden ist, sodass hier ein Netz von HelferInnen, die auch am Wochenende eingesetzt werden, tätig wird. Dies geschieht allerdings nur solange, bis das Dementenwohnhaus eröffnet wird, in das diese Dame dann einziehen wird. Es gibt HelferInnen, die bereits durch ihre berufliche Tätigkeit Vorerfahrungen haben mit Dementen, wie z. B. Krankenschwestern, SozialpädagogInnen und einem Psychologen.
Die Bedingungen, zu denen die HelferInnen in der Dementenbetreuung eingesetzt werden, sind ähnlich derer bei den Nachbarschaftshilfen. Frau K. hofft, dass die

HelferInnen selbständig Kontakt zu den Senioren aufnehmen, da sie durch die Schulung besser hierauf vorbereitet sind. Dies wäre für sie eine Arbeitserleichterung, da die Hilfesuchenden nicht nur in ihrem eigentlichen Arbeitsgebiet wohnen und sie deshalb große Fahrwege hätte. Bei Problemen wird sie aber hilfreich zur Seite stehen. Die HelferInnen, die in der Dementenbetreuung tätig sein werden, bekommen für diese Ausübung 8,50 Euro. Wogegen die HelferInnen der NH ab 01.07. 7,- Euro bekommen. Dies hält Frau K. für gerechtfertigt, da die Arbeit mit den Dementen doch eine andere ist, der Fahraufwand ggf. auch ein größerer ist und auch die Erstgespräche noch nicht bezahlt werden.

Durch die Gerontopsychiatrische Beratungsstelle bekommt Frau K. bereits Kontakt zu Familien, die an einer Betreuung interessiert sind. Da sie diese Familien nicht kennt, ist es für sie nicht so einfach; es ist viel Informationsarbeit nötig.

Bei der Auswahl von HelferInnen, die für eine Schulung zur Dementenbetreuung in Frage kämen, hat Frau K. HelferInnen angesprochen, die sehr zuverlässig sind, belastbar sind, etwas ruhiger sind und auch ein gewisses Einfühlungsvermögen haben. Zum Teil haben HelferInnen auch schon Vorerfahrungen, die sehr daran interessiert waren. Zum jetzigen Zeitpunkt gibt es 10 Interessierte der Nachbarschaftshilfe Nord-West, die an einer der Schulungen teilnehmen wollen. Sie hofft, dass die HelferInnen nach der Schulung dabeibleiben, sodass sie dann auch eingesetzt werden können. Frau K. stellt sich die Einzelbetreuung in den Familien einfacher vor, als eine Gruppenbetreuung. Von den HelferInnen hat sie aber auch bereits andere Meinungen gehört. Diese finden es oft besser eine Gruppenbetreuung zu übernehmen, da man hier nicht alleine ist und sich gegenseitig stützen kann. Manche der HelferInnen sagen, dass sie nur Einzelbetreuungen übernehmen möchten, andere möchten aber auch die Gruppenbetreuung ausprobieren. Frau K. hofft, dass sie einige sehr engagierte HelferInnen für diese Aufgabe gewinnen kann. Hier ist es ja auch wichtig, dass die HelferInnen teamfähig sind.

Die Gruppen sollen nach Möglichkeit in den Räumlichkeiten von ambet angeboten werden. Auf der einen Seite wäre Frau K. dann auch als Ansprechpartnerin für die HelferInnen vor Ort, zum anderen sind in den Räumen schon viele Materialien vorhanden, die genutzt werden könnten.

Auf die Frage, wie dies in den anderen NH geplant ist, gibt Frau K. zur Antwort, dass dies sehr unterschiedlich gehandhabt wird. So werden sich die NH des Paritätischen, der AWO, der Caritas und des DRK auf jeden Fall beteiligen. Von diesen NH wird gesehen, dass das Projekt der Dementenbetreuung für die NH eine Chance ist, die Arbeit, die immer wieder von Kürzung bedroht ist, zu sichern und sehen hierin eine

Zukunftsperspektive. Andere möchten sich aber nicht beteiligen, weil sie hierin zuviel Arbeit sehen. Frau K. sieht hier aber auch eine große Chance, die einfach wahrgenommen werden muss. Zudem ist die Koordination bei den NH relativ einfach, da das soziale Netz bereits seit Jahren aufgebaut ist. Das heißt die NH sind bekannt bei den Kirchengemeinden und den Ärzten und in vielen Einrichtungen der Stadt.

Auf die Frage welche Formen der Anerkennungskultur von den NH für die HelferInnen angeboten werden und welche Qualifizierungsmöglichkeiten sie hier haben, gibt Frau K. zur Antwort, dass es zwar keine Stellenbeschreibungen für HelferInnen gäbe, aber von der Stadt ein Konzept für die Arbeit vorgegeben ist, indem festgelegt ist, was zulässig ist und was nicht. So dürfen z. B. keine psychisch Kranken und keine Pflegebedürftigen betreut werden. Ansonsten sind sie in ihrer Arbeit sehr offen, ob sie z. B. Gruppen anbieten oder nicht, entscheidet sich oftmals nach den räumlichen Gegebenheiten und organisatorischen Fragen. Manche NH können z. B. keinen Fahrdienst anbieten, sodass es für das Klientel, dass in Frage käme, nicht möglich wäre zu kommen, da das Kommen mit hohen Kosten für sie verbunden wäre. Es gibt keine schriftlichen Vereinbarungen, die die HelferInnen bei Aufnahme ihrer Tätigkeit unterschreiben müssen. Allerdings werden sie mündlich auf ihre Schweigepflicht hingewiesen und darauf, dass Zuverlässigkeit einzuhalten ist. Gerade diese Zuverlässigkeit ist für die Senioren sehr wichtig, wird diese von den HelferInnen nicht eingehalten, werden sie nicht mehr zur Betreuung eingesetzt. Aus diesem Grund ist Frau K. schon dazu übergegangen, keine HelferInnen unter 18 zu nehmen. Sie hat hier nur schlechte Erfahrungen gemacht, die jungen Leute wissen nicht, was sie im Haushalt machen sollen, haben oft andere Dinge im Kopf. Zudem können hier keine langfristigen Betreuungen aufgebaut werden, die aber enorm wichtig sind. Frau K. versucht die HelferInnen „bei der Stange zu halten", indem sie sie auch einmal beispielsweise zum Spargelessen einlädt.

Zur Qualifizierung von HelferInnen bietet die Stadt Braunschweig über die VHS Kurse an, die einem Großteil der HelferInnen auch sehr wichtig sind. Sie heben das Selbstwertgefühl, manche erhoffen sich dadurch auch, dass sie die Zertifikate anderweitig nutzen können. Es gibt unterschiedliche Themenbereiche für die Fortbildungen der HelferInnen. Für die neuen HelferInnen gibt es regelmäßig Einführungskurse, wo sie auch über rechtliche Grundlagen informiert werden. Dann gibt es das Thema Tod, Sterben, Trauer, dass auch immer wieder gerne von den HelferInnen angenommen wird. Das Thema Depressionen spielt auch eine große Rolle, da doch viele der Senioren depressive Phasen haben, und die HelferInnen gerne wissen möchten, wie sie damit umgehen können. In diesem Jahr wird zum ersten Mal etwas angeboten zum Thema „Messies".

Ebenfalls zum Thema „Aggressionen“ und dem Umgang damit. Das Thema „Abgrenzung“ ist ebenfalls sehr wichtig, weil viele der HelferInnen doch starke Probleme damit haben. Die Fortbildungen werden unterschiedlich angenommen. Meistens kommen zu den Fortbildungen ca. 20 Leute, obwohl in jeder NH etwa 50 HelferInnen tätig sind. Manche HelferInnen nehmen regelmäßig daran teil, und kommen auch und berichten davon. So halten einige HelferInnen überhaupt einen regen Kontakt zu Frau K., während sie bei anderen immer wieder auch mal von sich aus nachfragen muss, wie es läuft.

Frau K. ist in vielen Fällen auch Ansprechpartnerin für die HelferInnen bei persönlichen Problemen. Es gibt die unterschiedlichsten Lebenssituationen und heutzutage gestaltet sich vieles immer problematischer, bedingt durch Arbeitslosigkeit oder als alleinerziehende Mutter. Dann ist es wichtig für die HelferInnen, zu wissen, dass Frau K. für sie da ist, dass sie von ihr ernst genommen werden. Sie können sie auch anrufen, wenn sie in einer Betreuungssituation nicht zurechtkommen und sich hier Rat und Unterstützung holen. Das macht den HelferInnen dann oft Mut weiterzumachen.

Die Verwaltung der Daten der HelferInnen und Hilfesuchenden geschieht über ein Karteikartensystem. Dieses ist für Frau K. am übersichtlichsten und am schnellsten zu bearbeiten. Den PC nutzt sie lediglich für Statistiken und Dokumentationen, die sie für die Stadt zu erstellen hat.

Auf die Frage, inwieweit es zu Problemen kommt zwischen den ehrenamtliche NachbarschaftshelferInnen und professionellen Kräften, gibt Frau K. zur Antwort, dass es teilweise schon vorgekommen ist. Sie nimmt in diesen Fällen Stellung für die HelferInnen, nimmt dann Kontakt auf zu den betreffenden Pflegediensten und klärt ab, wo die Aufgaben der HelferInnen liegen.

Frau K. ist der Meinung, dass es bei den Sozialstationen etc. klar ist, dass mit dem neuen Angebot der Dementenbetreuung keine Konkurrenz für die professionellen Kräfte entsteht. Es ist deutlich, dass es sich hier um ein niederschwelliges Angebot handelt mit einer Form von Betreuung, die von den Pflegediensten nicht geleistet werden kann.

Auf die Frage, was sich Frau K. für ihre zukünftige Arbeit mit dem neuen Projekt wünschen würde, gibt sie zur Antwort, dass sie hofft, dass alles glatt läuft. Dass die HelferInnen auch bei der Stange bleiben, wenn sie die Schulung gemacht haben. Und dass diese nicht sagen, wenn sie in die Praxis kommen, „Oh Gott, das habe ich mir ganz anders vorgestellt." Sie wünscht sich, dass eine gewisse Kontinuität bei den Helferinnen erhalten bleibt und diese engagiert und mit Freude dabeibleiben.

An den Gesetzgeber bzw. die Verwaltung hätte Frau K. den Wunsch, dass ihre Arbeit weiterhin gesichert bleibt. Obwohl die Nachfrage nach Betreuungen durch die NH in den letzten Jahren angestiegen ist, wird von seiten der Stadt doch immer wieder mit Kürzungen gedroht. Aber Frau K. hofft, dass durch das neue Projekt hier etwas mehr Sicherheit hergestellt werden kann, sodass auch das Projekt NH bestehen bleiben kann.

Paraphrase - Interview Angehörige

Da rechnen Sie mal aus. Was wollen Sie mit 460 Euro machen? Das sind nicht mal 50 Stunden im Jahr. Oder 25, wenn sie anderthalb Stunden Betreuung machen. Was wollen Sie denn in anderthalb Stunden machen, das ist nichts. Man muss trotzdem froh sein, dass es da irgendwas gibt.

Frau B. pflegt ihren Ehemann, der nicht nur an Alzheimer, sondern auch an Parkinson erkrankt ist. Die Krankheit ist im Mai 98 diagnostiziert worden. Festgestellt hat sie es schon ein Jahr früher, aber da machte sie sich noch nicht so viele Gedanken darüber. Ihr Mann hatte auch früher seine geistige Speicherkapazität nicht so sehr in Anspruch genommen, da er privat wie auch beruflich viel mit dem Computer gemacht hat. Ausschlaggebend war dann die rechtsseitige Störung der Motorik. Die Hausärzte empfahlen dann eine stationäre Aufnahme in die X Straße. Dort war Frau B. sehr unzufrieden, da man nicht auf die Störung der rechten Seite eingegangen ist. Frau B. hatte damals noch nicht das Wissen. Normalerweise hätte sie sich hingesetzt und gesagt, "was läuft hier?" Vaskuläre Demenz ist ausgeschlossen, also ist es Alzheimer. Aber den Aspekt mit der rechten Seite habe sie dann nicht weiter verfolgt. Frau B. hatte dann Glück, dass sie bei einem Vortrag der Alzheimer Gesellschaft Frau Dr. S. aus X Stadt kennen gelernt hat. Sie hat dann dort angerufen und ihr erzählt was ist. Frau S. hat dann gesagt, kommen Sie vorbei. Und dann wurde noch mal stationär diagnostiziert. Was Frau B. nicht gefiel, war, dass ihr Mann auf der geschlossenen Abteilung untergebracht war. Über Untersuchungen mit radioaktiven Stoffen in der Medizinischen Hochschule Hannover wurde dann festgestellt, dass Parkinson vorliegt, eine linksseitige in einer schwachen Form. Frau S. aus Göttingen hat Herrn B. dann weiterhin betreut. Nach Meinung von Frau B. liegt das sicher daran, dass ihr Mann noch recht jung ist, er ist 60. Er ist dann gut medikamentös eingestellt worden. Herr B. ist momentan noch in der Pflegestufe I. Frau B. wird allerdings in der nächsten Zeit einen Antrag auf Höherstufung stellen. Mit der Einstufung zur PV hat Frau B. keine Probleme gehabt, obwohl sie hier schon recht ängstlich war, bei dem was man von anderen hört. Ihr Mann ist allerdings auch nicht derjenige, der sich im Gegensatz zu anderen hinstellt und sagt, ich kann das alles. Was für Frau B. auch noch ganz wichtig war, das Problem mit der Rentenversicherung. Sie hatte aufgehört zu arbeiten. Trotz Arbeitslosigkeit fehlte ihr ein halbes Jahr. Da ihr Mann dann aber in die Pflegestufe I eingestuft wurde, war dieses Problem auch gelöst. Frau B. ist auch Vorstandsmitglied in der Alzheimer Gesellschaft. Sie hat auch hier noch nicht davon gehört, dass es Probleme bei der Einstufung gibt. Eher ist es ein Problem, die Hemmschwelle zu überschreiten, so vom sozialen Aspekt, zu sagen, nein ich will keine Pflegestufe.

Herr B. geht einmal in der Woche zur Krankengymnastik. Am Donnerstag geht er in die Tagespflege, am Dienstag geht er zum Gedächtnistraining, was eigentlich nicht viel bringt, aber da Herr B. schon drei Jahre dort hingeht, soll er dies, nach Meinung der Anleiterin, weiterhin tun. Am Freitag ist Herr B. in der Früh-Fördergruppe und manchmal ist am Mittwoch ein offener Gesprächskreis am Lessingplatz. Dadurch ist das Wochenspektrum ziemlich ausgefüllt. Frau B. macht zusätzlich noch mit ihrem Mann Krankengymnastik, früher hat sie auch noch Gedächtnistraining gemacht, da er dies aber abblockt, macht sie es jetzt weniger.

Mit den Krankenkassen hat Frau B. gute Erfahrungen gemacht. Sie hat dort eine Sachbearbeiterin im Pflegebereich, mit der sie gut zusammen arbeitet. Diese ist auch froh, dass sie Frau B. hat. Dass sie dann auch Sachen durchziehen kann wie mit der stundenweise Verhinderungspflege. Wenn man sieht, wie unterschiedlich dort abgerechnet wird, ist es ein hartes Angehen. Frau B. ist der Meinung, dass ältere Menschen als Angehörige hier mit fliegenden Fahnen untergehen. Die wären hier völlig überfordert.

Bei der Beantragung des Schwerbehindertenausweises hat Frau B. Schwierigkeiten gehabt. 1999 hat sie ihn das erste Mal beantragt, da hat Herr B. sofort 60% gekriegt, was Frau B. überrascht hat. Als das mit dem Parkinson dazukam, hat Frau B. neu beantragt und es wurde abgelehnt. Man hatte sich bei ihrem Hausarzt erkundigt, der gesagt hatte, dass sich nichts geändert habe. Aber er konnte dazu auch nichts sagen, da die medizinische Sache über Göttingen läuft. Sie hat sich dann nicht richtig dahinter geklemmt, hat zwar Widerspruch eingelegt, dann ging es über Hildesheim, aber da wurde es wieder abgelehnt. Da konnte sie nichts mehr machen, weil, wenn sie jetzt noch einmal Widerspruch eingelegt hätte, hätte sie das mit einer Klage vor dem Sozialamt machen müssen. Sie hat bereits eine Klage gegen die BfA laufen und deshalb hat sie es fallengelassen. Jetzt hat sie aber gerade einen Neuantrag gestellt. Das war für sie sehr, sehr negativ gewesen. Und solche Geschichten kennt sie auch von anderen, da hat es schon oft Schwierigkeiten gegeben.

Auf die Frage, ob Frau B. der Meinung ist, dass von außen genügend Information und Unterstützung gegeben wird, gibt Frau B. zur Auskunft, dass es sich hier auf Eigeninitiative beläuft. Wenn man sich darum kümmert, ist der Informationsfluss schon in Ordnung. Das bedeutet, dass man auf die Leute zugehen muss, und das ist auch klar.

Ehe die Krankenkasse davon erfährt, dass jemand Alzheimer hat ist eine lange Zeit vergangen. Da müsste eventuell mehr von den Ärzten kommen. Frau B. kann sich aber über ihre ärztliche Versorgung nicht beklagen. Auch bei der Krankenkasse ist es so, dass sie dort für den Bereich der Pflege immer dieselbe Sachbearbeiterin hat. Ansonsten ist es so, dass bei den Krankenkassen, durch das Rotationsprinzip immer wechselnde Ansprechpartner da sind. Frau B. hat allerdings einmal wöchentlich persönlichen Kontakt zur Krankenkasse.

Frau B. ist seit 1998 Mitglied bei der Alzheimer Gesellschaft. Nach einem Jahr ist sie dort auch in den Vorstand gegangen, da für diese Aufgaben immer händeringend Personen gesucht werden.

Frau B. hat Kontakt zu einer Bekannten, die sie Bad Aibling kennen gelernt hat. Es ist so, dass die Preise bei ambet für die Gruppen ziemlich angestiegen sind. Für die Freitagsgruppe zahlt sie 25 Euro. Bei der Tagespflege kostet das 60 Euro und da ist alles drin, also auch drei Verpflegungen. Und die Gesprächsgruppen für die Angehörigen kosten auch 60 Euro. Da hat sie sich dann bei ihrer Bekannten informiert, wie das dort ist mit den Preisen. Die haben dort einmal im Monat einen Gesprächskreis der Angehörigen, nicht wie in Braunschweig zweimal monatlich. Dort macht es der Vorsitzende der Alzheimer Gesellschaft und die Betreuung der Betroffenen übernehmen Ehrenamtliche. Da fragt sie sich wozu bezahlt sie einen Mitgliedsbeitrag? Frau B. von ambet hat natürlich Recht, wenn sie sagt, dann finden Sie mal Ehrenamtliche. Damit fällt und steht die ganze Sache.

Auf die Frage, ob Frau B. die 60 Euro privat bezahlen muss, gibt sie zur Antwort, dass man als einmalige Sache 12 Sitzungen über die Krankenkasse bezahlt bekommt.

Auf den Hinweis, dass jetzt ja durch den Einsatz der geschulten HelferInnen sich einiges verändern könnte, meint Frau B., dass ja mit den 460 Euro nicht sehr viel anzufangen wäre. Wenn man bedenkt, dass die HelferInnen 8,50 Euro bekommen, dann kann man sich im Jahr 50 Stunden Betreuung leisten, oder 20 -25 Betreuungsgruppenstunden. Das ist doch nichts. Das ist wie mit der Tagespflege, die geht bis 16 Uhr. Wenn man sich hier etwas vornimmt, ist die Zeit auch zu kurz. Aber man muss froh sein, dass es da etwas gibt. Die Tagespflege rechnet Frau B. über die Kombipflege ab, dass heißt ihr eigener Pflegegeldanteil wird hier gekürzt. Auf diese Weise hat sie aber die Nutzung der stundenweise Verhinderungspflege noch für Notfälle offen.

Auf die Frage nach Belastungen, die für sie im Umgang mit einer demenzerkrankten Person sehr schwerwiegend sind, antwortet Frau B., dass es hier zum einen auf die einzelne Form ankommt. Belastend ist eigentlich die nicht vorhandene

Gesprächsbereitschaft durch die Sprachstörung. Gut ist bei ihr, dass ihr Mann nicht wegläuft, sie ihn auch einmal allein lassen kann. Belastend empfindet sie die Beschäftigung desjenigen. Wenn nichts da ist in Form von Tagespflege oder Frühförderung muss man irgendwas machen. Da gibt es keine Aktion mehr von sich aus, sodass nur das Fernsehen bleibt. Wenn etwas gemacht wird, nicht alleine, sondern nur im Beisein von Frau B. Durch den Zeitfaktor ist sie ziemlich angebunden.

Familie und Bekannte sind auf die Erkrankung des Ehemannes positiv eingegangen. Das liegt daran, dass Frau B. und ihr Mann offen damit umgehen, so sind die Leute hierfür auch dankbar, dass sie sich nicht in einem Vakuum befinden.

Frau B. hat Angst, wenn sie an die Zukunft denkt, dass sie einmal selbst persönlich als Pflegekraft ausfallen würde. Man könnte dann zwar auf Kurzzeitpflege ausweichen, aber es wäre ein Rückschritt. Das ist etwas, wovor sie Angst hat, aber man kann es nicht planen und sich nicht absichern. Im letzten Jahr hat sie eine schlechte Erfahrung mit dem Krankenhaus gemacht. Ihr Mann war vom Fahrrad gefallen, und ins Krankenhaus gebracht worden in die Unfallklinik in der Y Straße. Sie hat dort dann angerufen und gesagt, dass sie ihren Mann wieder abholen wolle, aber man sagte ihr, dass er noch dableiben müsse. Sie ist dann hingefahren und hat die Medikamente mitgenommen und ihr Mann war auf dem Zimmer und topfit. Am Mittwoch ist sie wieder hingefahren, da ging es auch noch. Sie wollte ihn wieder mitnehmen, aber man sagte ihr, dass noch Untersuchungen gemacht werden sollten, aber nicht konkret was. Am Donnerstag war ihr Mann in einem anderen Zimmer und da war er völlig durch den Wind. Frau B. hat dann festgestellt, dass man ihrem Mann die Medikamente nicht gegeben hat. Ihr Mann wusste und konnte überhaupt gar nichts mehr. Am Freitag ist Frau B. noch einmal hingefahren, da stand ihr Mann am Fenster und hat rausgerufen: "holt mich denn keiner hier raus?" Er wollte sich fast umbringen. Daraufhin hat Frau B. ihren Mann auf eigene Verantwortung mit nach Hause genommen. Frau B. hat dann eine unheimliche Beschwerdeaktion gestartet. Da war dann noch Dr. Z., der jetzt pensioniert ist, und der hat ihr nur blöd geantwortet. Es ist dann alles ein bisschen hoch gepuscht worden. Sie hat dann aber bei der Pflegeleitung, die sehr nett war, einen Termin bekommen. Bei diesem Gespräch war auch die Stationsleitung der Unfallabteilung dabei, und diese war unmöglich. Die sagte zu ihr, das hätte sie auch sehen müssen, dass es ihrem Mann schlecht geht. Sie sagte ihr, dass ihr Mann immer nach ihr gesucht hätte. Das konnte Frau B. aber nicht wissen, weil es ihr keiner gesagt hatte und sie auch keiner angerufen hatte. Sie ist dann auch noch zu Dr. Z. Frau T. von ambet war bei dem Gespräch auch dabei. Dieser meinte, dass es ihn wundern würde, dass das Pflegepersonal einen demenzerkrankten Angehörigen so schnell von der Station haben wolle. Frau B. hofft nun, dass durch das Gespräch im Krankenhaus man sich dort etwas mehr Gedanken darüber machen würde. Deshalb wäre es für sie sehr schwer, wenn sie selbst ins Krankenhaus müsste, das ist für Angehörige nicht so einfach.

Von Ihren Kindern könnte sie in einem solchen Falle auch nicht viel Unterstützung erwarten, da sie alle nicht in Braunschweig wohnen, sondern in Hamburg und Mannheim, und studieren. Es wäre also nur möglich, wenn Semesterferien wären. Das ist so die Situation und so geht es auch vielen anderen Angehörigen, deswegen ist dies auch immer wieder ein Thema bei den Angehörigen-Gesprächskreisen.

Frau B. befürwortet das neue PflEG auf jeden Fall. Sie versucht hier auch schon Kontakte herzustellen, da sie schon immer Planungen macht auf lange Zeit. Sie möchte aber jemanden haben, bei dem sie sich nicht schon lange im voraus zeitlich festlegen müsste. Es wäre auch wichtig, dass es immer dieselbe Person ist. Frau B. sieht allerdings nicht so sehr die Notwendigkeit, dass es eine geschulte Person sein muss. Entscheidend ist ein ruhiges und ausgeglichenes Verhalten. Das kann man auch nicht durch Schulungen erreichen. Man muss jemanden haben auf den man sich verlassen kann, der liebevoll ist. Aus diesem Grund ist es nicht nötig, es kann aber Denkanstöße geben.

Für sie persönlich wäre es wichtig jemanden zu haben, wo sie sagen könnte, der ist mal zwei Tage da. Aber es ist noch nicht klar, wie man das steuert mit dem Übernachten und so. Bis jetzt hat Frau B. noch keinen Kontakt zu einer HelferIn, da sie der Meinung ist, dass sie mit den 460 Euro nicht weit kommt. Vor allen Dingen, wenn sie dann mal einen Tag weg wäre. Wichtig ist für sie, auch jemanden zu finden, wo man sagen kann, dass die Chemie stimmt.

Wenn ihr Mann jetzt die Pflegestufe II bekommen würde, würde sich Frau B. überlegen, ob sie ihren Mann zweimal in die Tagespflege geben würde, weil das ihrer Meinung nach doch etwas effektiver ist. Es bringt ihr auch nichts, wenn sie zu Hause ist und da noch jemand mit rumläuft. In der Tagespflege hat sie dann die sieben Stunden für sich, wo sie auch etwas schaffen kann. Die Tagespflege kann an mehreren Tagen der Woche besucht werden, manche gehen zweimal hin, einer auch dreimal in der Woche. Es geht von halb neun bis 16 Uhr. Frau B. bringt ihren Mann selber hin, am Nachmittag kommt er alleine zurück. Das heißt sie nutzt die Zeit gut aus, und kann hierdurch auch das Fahrgeld sparen, die werden ihr abgezogen, und es sind wohl 6 Euro. Ihr Mann geht dort auch gerne hin, wenn er auch nachmittags kaputt ist. Es gibt dort keinen Ruheraum, in dem man einen Erholeffekt hätte. Es ist schon anstrengend und kommt auch auf die Zusammensetzung in der Gruppe an. Es ist jetzt so, dass bis auf einem Mann, mit dem

Herr B. gut zurechtkommt, viele sehr alte und behinderte Menschen da sind. Aber es kommen ja auch immer wieder Neue hinzu. Und dann gibt es vielleicht auch wieder eine jüngere, agile Struktur.

Auf die Frage, was sich Frau B. für die zukünftige Entwicklung in der Versorgung von Dementen wünscht, auch aus Sicht der Alzheimer Gesellschaft gibt sie zur Antwort, dass sie sich wünscht, dass sich in den Krankenhäusern und Pflegeheimen im handling etwas ändert und mehr auf die Krankheit eingegangen wird. Obwohl sie weiß, dass es schwer ist, denn gerade die Strukturen in den Krankenhäusern lassen es nicht zu. Bei aller Liebe und Hilfsbereitschaft bedeutet es für die Menschen einen Zusammenbruch der Lebenssituation. Frau B. würde sich wünschen, dass mehr Geld in die Forschung gesteckt werden würde, sodass medikamentös mehr auf den Markt kommt. Das ist das, was sie sich wünschen würde.

Paraphrase Projekt "Lichtblick" - Alexianer Krankenhaus, Münster

Mit dem Modellprojekt hat man in Münster sehr gute Erfahrungen gemacht, sodass dieses nach Ablauf im letzten Jahr auch weiterhin fortgeführt wird. Allerdings arbeiten die beiden Mitarbeiterinnen hier jetzt nur noch mit zwei halben Stellen. Dies bedeutet, dass nun nur noch einmal jährlich eine Seminarreihe für zukünftige HelferInnen angeboten werden kann. Finanziert wird das Projekt durch den Träger, wobei man hier auch immer auf der Suche nach anderen Fördermöglichkeiten ist.
Über Veränderungen, die es mit der Einführung des PflEG geben könnten kann noch nicht viel gesagt werden, da in Nordrhein-Westfalen die Verhandlungen über konkrete Ausführungen noch nicht weit gediehen sind. Der Antrag über die Anerkennung ist gestellt worden, ebenfalls ein Antrag auf Projektförderung, aber es gibt noch keine offizielle Stelle, die entscheidet. In der Umgehensweise mit dem neuen Gesetzt gibt es in den Bundesländern sehr große Unterschiede.
Derzeit gibt es im Projekt "Lichtblick" 46 HelferInnen. Bis Ende Mai läuft eine Seminarreihe mit 19 TeilnehmerInnen. Bis auf zwei HelferInnen sind alle in einer Betreuung. Von den meisten HelferInnen wird eine Betreuung durchgeführt, in seltenen Fällen sind es auch einmal zwei, dies aber eher nur in Übergangszeiten.
Der Bedarf der Angehörigen kann nicht immer befriedigt werden, es entstehen immer wieder Wartelisten. Aber ab Juni kann diese mit Hilfe der "neuen" HelferInnen sicher weitgehend abgearbeitet werden. Es gibt manchmal Probleme mit der Versorgung von Personen im ländlichen Bereich. Oder auch, wenn eine Betreuung am Wochenende gewünscht wird. Manchmal dauert es länger eine Betreuung herzustellen, dann ist man darum bemüht, etwas anderes anzubieten.
Mit der Rekrutierung von HelferInnen gibt es keine Probleme. Die Kurse sind immer sehr gut besucht. Im Herbst gab es das erste Mal eine Warteliste, da immer nur 20 Personen für eine Schulungseinheit aufgenommen werden. Dass das Angebot so gut angenommen wird liegt an der Attraktivität und hängt auch sicher mit den strukturellen Gegebenheiten der Region zusammen. Die TeilnehmerInnen der Kurse sind jedes Mal sehr gemischt vom Alter, von den Vorerfahrungen und auch von den Berufen. Das ist für die Gruppe recht positiv und auch hinterher bei der Vermittlung. Deutlich ist aber, dass auffallend viele junge Menschen sich als HelferInnen melden. Dies liegt sicher an der Struktur einer Studentenstadt und würde sicher im ländlichen Bereich anders aussehen, hier wären es doch eher Leute im Vorruhestandsalter. Mit der Vermittlung der jüngeren Menschen gibt es nicht mehr Probleme als in anderen Betreuungskonstellationen. Die Angehörigen oder

Betroffenen wissen bereits im voraus, dass sie sich eventuell auf eine kürzere Betreuungszeit einstellen müssen und kommen gut damit zurecht. Es wird dann nach einem Ersatz gesehen. Oftmals ändern sich aber auch im familiären Rahmen so viele Dinge, dass andere Hilfen installiert werden müssen oder auch einmal ein Heimplatz gefunden werden muss.

Die Motive sich beim Projekt "Lichtblick" zu engagieren sind sehr vielfältig. Es gibt die, die kommen und sagen, man will sich sinnvoll, gesellschaftspolitisch und sozial engagieren. Und dann gibt es die Leute, die neben ihrem Beruf nach etwas anderem suchen, weil dort das Menschliche zu kurz kommt. Oder es kommen Leute, die in Ausbildung sind und sich einmal gerne ausprobieren möchten im Ehrenamtsfeld. Dann gibt es Menschen, die arbeitslos sind und gerne wieder in den Beruf einsteigen wollen. Sie wollen nicht ganz rausfallen und erhoffen sich eine Erhöhung ihrer Chancen auf dem Arbeitsmarkt. Dann gibt es aber auch Menschen, die sehr viel Zeit haben und einfach gerne etwas nebenbei tun wollen.

Für die HelferInnen gibt es Vorgespräche, in denen von seiten der Einrichtung abgeklopft wird, ob es Probleme geben könnte. Außerdem gibt es begleitende Gespräche und Gruppenabende. Wenn es Situationen gibt, in denen die Mitarbeiterinnen das Gefühl haben, dass eine Betreuung nicht gut klappt, greifen sie auch schon mal ein. Aber das wichtigste Qualitätsmoment ist, dass es zwischen Angehörigen und Helfern klappt. Die müssen zufrieden sein mit dem was da passiert. Hier gab es noch keine gravierenden Probleme. Wenn etwas nicht klappt, stellt sich dieses meistens recht schnell während der ersten Wochen heraus. Es waren bisher immer Sachen, die auch geklärt werden konnten. Um solche Situationen zu entschärfen, führen die Mitarbeiterinnen gemeinsame Gespräche mit allen Beteiligten. Viel Rückmeldung bekommen die Mitarbeiterinnen durch die Gruppentreffen, obwohl es auch Leute gibt, die nicht zu den Gruppentreffen kommen können. Das sind die Leute, mit denen regelmäßig telefoniert wird oder die Mitarbeiterinnen machen alle zwei, drei Monate einen Termin zu einem Einzelgespräch.

Das Angebot der Gruppengespräche dienen zum einem zur Reflektion aber auch zur Fortbildung. Die Themen für die Fortbildungen werden gemeinsam mit den HelferInnen entwickelt. Themen, die die HelferInnen in letzter Zeit interessierten waren: Gewalt in der Pflege und Betreuung, Basale Stimulation, Kennenlernen von anderen Wohnformen bei Demenz, der Einsatz von Hilfsmitteln und Betreuungsrecht.

Probleme oder Themen, die die HelferInnen aus ihrer praktischen Arbeit mitbringen, ergeben sich immer wieder, wenn es in der Familie schwierig ist. Wenn es dort zu Konflikten kommt, die eigentlich nichts mit der Betreuung und dem Helfer zu tun haben.

Auch wird es schwierig, wenn sich die Situation in der Betreuung verändert, wenn ein Übergang ins Altenheim ansteht und es um die Frage geht, schon einmal Abschied zu nehmen. Auch Grenzen setzen für sich selbst ist immer wieder ein Thema, dies auch eher bei den depressiv Erkrankten, die etwas einfordern und wo eine Grenze gesetzt werden muss.

Mit jedem Hilfesuchenden führen die Mitarbeiterinnen ein ausführliches Kennenlern-Gespräch, wo Dinge abgefragt werden, was für Dinge gewünscht werden, um welche Dinge es gehen soll in welchem zeitlichem Rahmen. Dieses Abklären ist schon wichtig, wenn es darum geht, dass Leute sich auch mal etwas am Wochenende wünschen oder am Abend. Dass man sehen kann, ob es überhaupt Helfer gibt, die zu diesen Zeiten können. Dann gibt es ein gemeinsames Erstkontaktgespräch und da wird noch mal gesehen, wie die das handhaben wollen. Ganz viele machen einen festen Termin einmal in der Woche. Es gibt es aber auch die, die sagen wir gestalten das dann eher so flexibler. Aber die meisten machen es mit einem festen Termin und dann auch einmal Termine außer der Reihe.

Bei den Aufgabengebieten werden aber auch Grenzen gesetzt. Die HelferInnen gehen in die Betreuungen rein und wissen es geht um Beziehungspflege und nicht um professionelle Pflege. Viele, die aus der professionellen Pflege kommen wollen das auch gar nicht mehr. Das sind Dinge, die vorher immer klar abgesprochen werden. Und wenn es um hauswirtschaftliche oder grundpflegerische Dinge geht ist das Projekt nicht der richtige Ansprechpartner. Das heißt nicht, dass nicht auch mal ein Toilettengang ansteht oder Essen angereicht wird. Aber, wenn es um diese Dinge geht, werden die Helfer auch bereits vor ihren Einsätzen gefragt, ob das für sie in Ordnung ist. Es gibt Leute, für die ist das kein Problem, gerade wenn sie aus der Pflege sind. Es gibt aber durchaus Leute, die sagen, lieber nicht.

Es gibt nur wenige HelferInnen die eine Aufwandsentschädigung enthalten. Es sind im Moment nur noch zwei die über Verhinderungspflege abrechnen. Sonst wird es ohne finanziellen Ausgleich gemacht. Die Fahrtkosten werden schon erstattet. Aber auch da gibt es Leute, die sagen, Sie brauchen mir da nichts zu ersetzen. Wenn es Schwierigkeiten mit den Fahrtkosten gibt, besteht die Möglichkeit, dass der Verein hier etwas übernimmt. Aber die meisten machen es wirklich als das reine Ehrenamt. Es gibt aber für die Helferinnen eine ganze Menge an Danke-schön-Veranstaltungen. Die Supervision, die Zertifikate, die Fortbildungen, auch mit externen Referenten. Zu Geburtstagen und Weihnachten gibt es ein kleines präsent vom Träger, ebenso werden Ausflüge gemacht, was die

Ehrenamtlichen sehr wertschätzt. Es sind nur wenige, die sagen, es wäre schon gut, wenn ich was bekommen würde.

Da nicht alle Hilfesuchenden über die PV eingestuft sind, ist eine Abrechnung über Verhinderungspflege oder zukünftig PflEG zur Zeit nur bei 60% der Hilfesuchenden möglich.

Man muss auch sehen, wofür die Angehörigen das Geld ausgeben. Ist ihnen nicht oft ein Urlaub wichtiger. Finanziell mangelt es ja den Angehörigen an allen Ecken und Enden und das merken die Ehrenamtlichen auch.

Zum Schulungsprogramm für die ehrenamtlichen HelferInnen ist zu sagen, dass dieses selbst entwickelt wurde. Es sind 30 Stunden und es wird immer wieder die Erfahrung gemacht, dass die Zeit recht knapp ist. Dennoch soll vom Stundenumfang nicht abgegangen werden, weil die HelferInnen am Anfang nicht endlos fortgebildet werden wollen. Wichtiger ist zu sehen, was passiert in der Praxis? Während der monatlichen Treffen kann man dann sehen, welche Themen noch ausführlicher besprochen werden müssen oder noch eingeschoben werden sollten. Aber es ist gut die HelferInnen vorzubereiten, da viele ohne Erfahrungen und Vorwissen kommen. Zehn Termine sind gut zur Vorbereitung.

Zum Dokumentationssystem ist zu sagen, dass es gut damit funktioniert. Es wird immer gemacht, manchmal aus der Erinnerung heraus, aber andere sind sehr genau damit. Es wird den HelferInnen klar gemacht, dass diese nicht zur Kontrolle dienen, sondern dass dies ein benötigter Nachweis ist für den Träger, um zu sehen was läuft. Es ist interessant zu sehen, was da an ehrenamtlichen Stunden geleistet wird.

Die beiden Mitarbeiterinnen sind hauptsächlich für das Projekt zuständig, eine Mitarbeiterin auch noch für Aufgaben des Vereins. Mit den beiden halben Stellen sind beide auch gut ausgelastet, da es ja auch viel um Öffentlichkeitsarbeit geht und um die Beschaffung von zusätzlichen Fördermöglichkeiten.

Der Verein, der den Angeboten des Alexianer Krankenhauses angegliedert ist, ist ein Verein für Demenzerkrankte, psychisch Kranken und ihren Angehörigen. Hier haben Betroffene ein Forum; der Verein kümmert sich auch um Öffentlichkeitsarbeit in Zusammenarbeit mit der Alzheimer Gesellschaft. Der Verein bietet Gruppen an, wie z. B. eine Ergotherapiegruppe, eine Gedächtnistherapiegruppe und einer Fitnessgruppe. Für Angehörige werden zweimal jährlich Urlaube geplant und organisiert. Die Erkrankten werden während des Urlaubs in der Kurzzeitpflege des Alexianer Krankenhauses versorgt. Die Urlaube werden auch vom Verein unterstützt, sodass die Angehörigen den Urlaub nicht komplett selber tragen müssen. Der Verein ist eine Ergänzung zu den Angeboten der

Alzheimer Gesellschaft, diese bieten Urlaube mit den Erkrankten an und Angehörigengruppen. Die Alzheimer Gesellschaft in Münster ist eher eine kleine Gruppe, durch den Verein sind im Hause viele Möglichkeiten gegeben.

Die Versorgungsstruktur ist im für den Bereich Münster und in den Vororten abgedeckt. Eine Vermittlung von Ehrenamtlichen im ländlichen Gebiet ist oftmals nicht so leicht herzustellen aufgrund der Verkehrsbedingungen. Aber auch wenn es einen Ehrenamtlichen gibt, der in dem Dorf wohnt, heißt das nicht, dass die beiden zusammenpassen. Wichtig ist immer dass sich gegenseitige Sympathie entwickelt.

Probleme in der Zusammenarbeit mit hauptamtlichen und ehrenamtlichen treten öfter einmal in den Altenpflegeseminaren auf, wo das Projekt vorgestellt wird. Die wissen genau, dass sie zu all den schönen Dingen, wie Spazierengehen oder Gesprächeführen keine Zeit haben. Aber sie sagen zu Recht, dass es ja auch ein Teil ihrer Arbeit sei. In der Praxis hat es hiermit aber noch keine Probleme gegeben. Zum Teil wird die Arbeit des Projekts von den ambulanten Pflegediensten auch als Bereicherung angesehen, da hier Aufgaben übernommen werden, die diese nicht leisten können. Die Abgrenzung ist sehr klar, zu dem was ein ambulanter Pflegedienst abrechnen kann. Sicher würden die Mitarbeiter diese Betreuungsarbeit auch gerne machen, aber bedauerlicherweise können diese das ja nicht mehr abrechnen.

Die Zertifikate und die Landesnachweise werden von den HelferInnen auch oft genutzt um wieder in den Beruf einzusteigen. Zum Teil haben sie direkt im Haus die Möglichkeit, einige gehen aber auch in den Behindertenbereich. Wenn es benötigt wird, bekommen die HelferInnen auch ein Kurzzeugnis von den Mitarbeiterinnen ausgestellt.

Für die Zukunft würden sich die Mitarbeiterinnen wünschen, dass solche Betreuungsleistungen auch mehr finanziert werden. Das würde doch vielen HelferInnen in ihren heutigen Lebenssituationen weiterhelfen und es wäre auch für die Hilfesuchenden oftmals angenehmer wenn sie die Betreuungsleistung mit einem Obolus honorieren könnten. Besuchsdienste, wie sie in Münster angeboten werden, sollte es in mehreren Regionen Deutschlands geben. Die Finanzierung ist nicht mehr lange haltbar, so wird sich im Altenhilfebereich einiges ändern müssen.

Beobachtungsleitfaden - TeilnehmerInnen Schulung 28.02/01.03 und 28.03./29.03.2003 bei "ambet e. V."

TeilnehmerInnen

- Motivation zur Teilnahme an einer Qualifizierungsmaßnahme zu dieser speziellen Thematik
- Soziodemografische Merkmale (Geschlecht, Alter, Berufs-und Lebenssituation, Vorerfahrungen)
- Welche Erfahrungen bringen die TN mit ein (persönlich, fachlich)?
- Welche Erwartungen werden an die Schulung gestellt (inhaltlich, methodisch, fachlich, zukunftsweisend)?
- Wie ist die Beteiligung der TN an der Schulung (Häufigkeit der Fragen, Bemerkungen)?
- Lässt sich aus dem Verhalten der TN schließen, inwieweit sie später "einsetzbar" sind?
- Wie sehen die TeilnehmerInnen ihren späteren Einsatz?

Anleiterinnen

- Vorbereitung
- Persönlichkeit
- Methodik
- Didaktik
- Einbezug der TN (bezüglich Gestaltung der Schulung, einzelner Themenkomplexe)
- Wie gehen die Anleiterinnen auf Gesprächsbeiträge der TN ein?
- Inwieweit berücksichtigt die Anleiterin Vorerfahrungen der TN (beruflicher und persönlicher Natur)?

Allgemein

- Atmosphäre
- Kommunikation
- Soziale Kompetenz

Paraphrase – Teilnehmende Beobachtung Schulungsmaßnahme „ambet" 28.02.-01.03 und 28.-29.03

Ort: Nachbarschaftshilfen Lichtenberger Str.; Weststadt

- **Soziodemografische Daten:** TN kommen bis auf drei aus den NH. Zwei sind aus beruflichen Gründen da, eine Angehörige. Somit ist eine gewisse Homogenität vorhanden. Die TN kommen aus verschiedenen Sozialisations- und Bildungsschichten. Erfahrungen mit Demenz haben aus dem privaten Umfeld 6 TN, aus dem Beruflichen 10 TN, 2 TN geben an über gar keine Erfahrung zu besitzen. Motivation für die TN an der Schulung: 7 wollen ihr Wissen erweitern, 4 TN haben Interesse am Thema, 1 möchte anderen helfen.
- **Räumlichkeiten/Atmosphäre:** 1. Wochenende Freitag: Der vorgesehene Raum ist zu klein für die 21 TeilnehmerInnen. Nicht alle können am Tisch sitzen und haben zum Teil keine gute Sicht auf die Leinwand. Samstag: Ein Wechsel in den großen Saal der Begegnungsstätte ist möglich, hier ist Platz für alle. 2. Wochenende: Freitag und Samstag wird das Seminar wiederum im kleinen Tagungsraum abgehalten. Da dieses Mal zwei TN fehlen, entspannt sich die Lage etwas. Die TN, die Mitglied der NH Weststadt sind, sorgen für Getränke und Kekse.
- **Vorbereitung durch Schulungsleiterin:** 1. Wochenende: Frau T. kommt um 14.45 Uhr, um den Raum vorzubereiten. Die Zeit hierfür ist etwas knapp, eine Besichtigung des Raumes vor der Schulung fand nicht statt. Inhaltlich sind alle Materialien vorhanden. Frau T. bringt einen tragbaren Overhead-Projektor mit, da in der Begegnungsstätte keine technischen Materialien vorhanden sind. Die TN bekommen keinen schriftlichen Schulungsplan, sie werden hierüber aber mündlich informiert. Sie können aber keine eigenen Wünsche einbringen. 2. Wochenende: Frau B. bereitet ihre Seminareinheit frühzeitig vor, kümmert sich gemeinsam mit den TN um Getränke und Kekse.

- **Motive und Erfahrungen der TN:**

TN A: kommt aus Russland; arbeitet als TZ-Kraft als Pflegehelferin im Wohnpark am Wall, ist seit ein paar Monaten bei den NH Frankfurter Str., kennt Demenzkranke durch die Arbeit und möchte hier ihr Wissen erweitern.

TN B: kommt aus Russland, ist noch nicht lange in D; Das Thema ist für sie aktuell, da die Schwiegermutter mit einer Demenz im letzten Jahr verstorben ist. „Es ist eine eklige

Arbeit“. Sie ist seit einem halben Jahr bei den NH Frankfurter Str., aufgrund ihres Alters hat sie bisher keine feste Arbeit gefunden.

TN C: kommt aus den NH Frankfurter Str., ist hier schon seit vielen Jahren, hat Interesse am Thema, da es sehr aktuell ist.

TN D: kommt aus den NH Ostring, ist hier seit fünf Jahren dabei. „Das Thema Demenz begegnete einem überall“.

TN E: kommt aus den NH Ostring; seit zwei Jahre dabei. Möchte etwas über die Symptome der Demenz erfahren und über den Umgang mit Demenzkranken.

TN F: kommt aus den NH Ostring; seit sieben Jahren dabei. Sie hat ständig mit Demenzkranken zu tun, da sie auch im Heimbesuchsdienst tätig ist. Sie möchte etwas über den richtigen Umgang mit Betroffenen in den verschiedenen Stadien der Demenz wissen.

TN G: Soz. Päd. arbeitet in der Angehörigenvertretung bei ambet. War bereits lange in der Seniorenarbeit tätig, möchte aber mehr Wissen über die Krankheit bekommen. TN H: Soz. Päd. kommt von der Caritas, möchte aus beruflichen Gründen mehr über die Krankheit wissen.

TN I: kommt aus den NH Nord-West, betreut dort seit einem halben Jahr eine Alzheimerpatientin.

TN J: NH Nord-West; hat bereits mehrere Demenzkranke betreut.

TN K: NH Nord-West, seit drei Jahren; hat noch keine Demenzkranken betreut, aber schon Berührungspunkte gehabt durch die Mutter einer Freundin, die an der Alzheimer Erkrankung leidet.

TN L: NH Nord-West; hat sich durch Literatur bereits über das Thema informiert; hat ihre Mutter betreut, die zum Schluss an Alzheimer erkrankt war.

TN M: NH Nord-West, kommt aus der ambulanten Pflege, hat hierdurch Erfahrungen mit Demenzkranken.

TN N: ist von Beruf Krankenpfleger, jetzt frühberentet, betreut durch die NH Demenzkranke.

TN O:NH Nord-West, hat Interesse am Thema, hat ihre Pflegemutter wegen der Alzheimer Erkrankung ins Heim gebracht; möchte Erfahrungen sammeln.

TN P: NH Nord-West, seit einem halben Jahr; die Oma war demenzerkrankt, möchte mehr Informationen über die Krankheit.

TN Q: NH Nord-West, betreut seit zwei/drei Jahren im Altenheim Menschen; hat sich durch Literatur Wissen angeeignet, möchte noch dazu lernen.

TN R: NH Ost, betreut seit einiger Zeit Senioren, hat Interesse an dem Thema

TN S: NH Nord-West, seit einem Jahr; hat eine ältere Dame mit Demenzerscheinungen betreut.

TN T: hat fünf Jahre ihrem Alzheimerkranke Mutter gepflegt, die inzwischen verstorben ist. War in der Angehörigengruppe bei ambet. Möchte jetzt anderen Betroffen helfen, mit diesem „schweren Schicksal“ zurechtzukommen.

TN U: NH Wendentorwall; möchte eingesetzt werden zur Angehörigenentlastung.

- **Didaktik:** Außer dem Overhead-Projektor können keine anderen Materialien zum Einsatz gebracht, werden da innerhalb der Begegnungsstätte hierfür keine Möglichkeit besteht. Frau T. hätte gerne einen Film gezeigt, was leider nicht möglich ist. Die TN bekommen zu allen Themen schriftliche Unterlagen, sodass sie am Ende der zwei Schulungseinheiten eine Fülle von Materialien haben, die ungeordnet bei den TN landen. Die TN erhalten den Hinweis, dass in der Mediothek von „ambet“ Bücher zum Thema Demenz ausgeliehen werden können.
- **Methodik:**

Gruppenarbeit: Es werden viele Erfahrungen der TN und der Referentin eingebracht. Die TN geben als Feedback, dass ihnen die Gruppenarbeit sehr viel gebracht hat. „Das gemeinsame Erarbeiten von Wissen macht mir sehr viel Spaß.“ „Die Gruppenarbeit wurde als sehr angenehm empfunden.“ "Der Erfahrungsaustausch war sehr gut, hier hätte ich mir noch mehr gewünscht.“ Frau T. gibt viele Beispiele aus der Praxis. Gibt auch eigene Schwächen zu, trotz Professionalisierung, wenn sie persönlich in ein Thema involviert ist. Frau T. greift Gesprächsbeiträge der TN sehr aufmerksam auf, achtet aber darauf, dass die Gesprächseinheiten zeitlich begrenzt sind. SL fragt immer wieder nach, inwieweit alles verstanden wurde.

Praktische Übungen: Die TN haben hier sehr großes Interesse, es wird deutlich, dass die Zeit zu knapp sein wird. Lediglich fünf TN beteiligen sich an der Partnerübung nicht.

Kleingruppenarbeit: Auch diese kommt bei den TN sehr gut an, sie arbeiten intensiv in den Gruppen und bringen ihre Ergebnisse später im Plenum ein.

Vorträge in Monolog Form: kommen bei den TN nicht so gut an.

- **Themen:**

<u>Positiv:</u> Es war angenehm. Auch der medizinische Teil war richtig. Die Referenten waren gut./ Der medizinische Teil war interessanter als der Rechtliche. Gerade was die TN über Medikamente erfahren konnte, war persönlich für sie sehr wichtig./ Der medizinische Teil war sehr gut, da es für die TN Neuland ist. / Überblick erhalten, wie ich eingesetzt werden kann. Das Thema Angehörige war sehr gut./ Es war sehr praxisorientiert, das ist mir näher./

Negativ: Es war interessant, aber es wurde zu weit in die medizinischen und rechtlichen Bereiche hineingegangen./ Der medizinische Teil hat die TN etwas überfordert. „Hätte ich mir laienhafter gewünscht."/ Das Rechtliche war zu allgemein. „Ich interessiere mich mehr für die praktische Umsetzung."/ Der medizinische Teil war interessanter als der Rechtliche./ Mit den Aussagen des Referenten über die rechtliche Betreuung war sie nicht immer einverstanden. Sie hat hier zum Teil eine andere Meinung. „Es gibt immer Dinge, die mich so berühren, aber das muss man hinnehmen. Da kann man nichts ändern.

Bewertung des Theorieteils: Durchweg Positiv 13 TN, Negative Anteile 8 TN, bei 5 TN war schon vieles bekannt, aber auch diese konnten ihr Wissen vertiefen.

- **Vorinformationen:** Fragen nach dem Versicherungsschutz: „Man ja viel Verantwortung. Es ist ein Wagnis" Die TN sind nicht darüber informiert, wie sie versicherungsrechtlich bei den NH abgesichert sind. Auch wie der Versicherungsschutz bei der Arbeit in der Dementenbetreuung aussieht ist ihnen nicht klar. Die SL kann hier keine ausreichende Antwort geben, verweist auf die Koordinatorinnen der NH. Fragen nach dem späteren Aufgabengebiet. „Was soll ich machen? Soll ich auch pflegen? Die SL beantwortet diese Frage mit einem klaren „Nein". Es geht vorrangig um die Präsenz, die Anwesenheit. Von den TN werden im Verlauf der Schulungseinheit immer wieder Fragen gestellt zu organisatorischen Fragen der späteren Einsätze (Versicherung, Finanzierung) und über die praktische Umsetzung ihrer Tätigkeiten. Sie sind hier anscheinend wenig informiert worden. Ausführliche Informationen erhalten sie am Ende des 2. Schulungswochenendes, aber nicht immer in ausreichendem Maße. Die TN werden oft an die Koordinatoren der NH verwiesen. Darüber herrscht gewisser Unmut bei einigen TN (ca. der Hälfte).
- **Beteiligung der TN:** Medizinischer Vortrag: Es werden Fragen eingebracht in der Hauptsache von den TN, die bereits Erfahrungen haben. Es können nicht alle Fragen durch die Referentin beantwortet werden, allerdings steht die Schulungsleiterin hilfreich zur Seite. Vortrag rechtliche Aspekte: In der Diskussionsrunde am Ende des Vortrags beteiligen sich 50% rege am Gespräch, 30% teilweise und 20% gar nicht. Vortrag Situation pflegender Angehöriger: Die TN machen während der ganzen Zeit einen wachen, interessierten und aufmerksamen Eindruck.
- **Zeitlicher Rahmen:** Die meisten TN sind der Meinung, dass der zeitliche Rahmen ausreichend war. Nur einige sind der Meinung, dass es zu kurz war. Von seiten der SL wird die Zeit als zu knapp betrachtet, an einigen Stellen muss gekürzt werden, besteht nicht genügend Zeit für Gespräche und Austausch. Dennoch soll der Zeitrahmen

beibehalten werden, da in den Praxisbegleitungen noch genügend Raum und Zeit sein wird, um relevante Themen aus der Praxis besprechen zu können.

- **Praxisbegleitung:** Eine TN regt an, dass in der Praxisbegleitung auch einmal Filme angesehen werden sollten, dies wird von der SL unterstützt. Fragen, wann die Praxisbegleitung beginnt, können von der SL noch nicht beantwortet werden. „Die Entwicklung hat uns hier überrollt, es ging sehr schnell.“ Antwort der TN: „Wo Sie doch so lange darauf gewartet haben.“ "Bis jetzt fehlte mir in meinen Betreuung Supervision, ich stand immer sehr alleine da.“ „ Es ist schlecht, dass wir nur sechsmal Supervision bekommen. Könnte man sich nicht monatlich treffen? Die Hauptamtlichen bekommen dies ja auch. Aber das ist ja wohl was anderes?!“
- **Spätere Einsatztätigkeit:** Ein Teil der TN weiß schon genau, dass sie später in der Einzelbetreuung tätig werden wollen, ein anderer Teil möchte in der Gruppenarbeit tätig werden, ein dritter Teil ist sich hier noch recht unschlüssig. „Ich hoffe darauf bald eingesetzt zu werden.“ Ich habe sehr viel gelernt, würde es am liebsten nächste Woche in die Tat umsetzen.“ Besonders gut war, dass die Theorie mit Praxis verstärkt wurde. Jetzt fühle ich mich sicherer.“ „Man weiß jetzt mehr, die Ängste sind genommen.“ „Sehr interessant, viel Neues. Versuche zu sortieren, was ich machen könnte. Ich bin mir darüber noch nicht im Klaren.“ „Ich wünschte, ich hätte vorher vieles gewusst im Umgang mit meinen Familienangehörigen. Da habe ich nicht immer gut gehandelt. .“ Ich bin hier ziemlich "unbeleckt" rangegangen, was ich hinterher damit mache, weiß ich noch nicht so genau. Da muss ich erstmal so gucken, ob ich das packe. Aber Grundbegriffe im Pflegerischen kann man sicher auch sonst nutzen. Ich habe überhaupt keine Ahnung von Dementen und alten Menschen, die Hilfe im pflegerischen brauchen. Habe das Angebot von den NH erhalten sich hier zu informieren, bin dankbar für Informationen.

HelferInnenschulung zur Dementenbetreuung bei ambet e. V. 2003

Sehr geehrte Teilnehmerin, sehr geehrter Teilnehmer!

Sie haben an einer Schulung für HelferInnen zur Dementenbetreuung teilgenommen. Um Ihre Erfahrungen für weitere Ausbildungsmaßnahmen verwerten zu können, ist es für „ambet" eine große Hilfe, wenn Sie folgende Fragen beantworten oder durch persönliche Bemerkungen ergänzen.
Ihre Antworten werden vertraulich behandelt und dienen lediglich der Auswertung und Verbesserung der weiteren Arbeit.
Vielen Dank für Ihre Mühe!

1. **Wir möchten gerne von Ihnen erfahren, welche Motive ausschlaggebend waren sich speziell für die ehrenamtliche Arbeit mit Dementen schulen zu lassen. Welche Antworten treffen am ehesten auf Sie zu?**

Ich habe bereits Erfahrungen im Umgang mit dementen Menschen ☐

Ich habe Angehörige in der Familie mit Demenzerkrankungen ☐

Ich möchte anderen Menschen helfen ☐

Ich möchte etwas für meine persönliche Weiterentwicklung tun ☐

Ich erhoffe mir hierdurch ein Weiterkommen in beruflicher Hinsicht ☐

Andere Motive ☐

____

____

2. **Vor Beginn der Schulungsmaßnahme wurden Sie durch die Nachbarschaftshilfen über Ihre zukünftige Arbeit mit den Dementen informiert. Würden Sie sagen, diese Informationen waren ....**

Sehr gut	gut	zufriedenstellend	weniger gut	haben nicht stattgefunden
☐	☐	☐	☐	☐

Wenn Ihnen wichtige Informationen fehlten, welche waren das?

____

____

____

3. Wenn Sie sich jetzt noch einmal die Schulung vor Augen führen, wie beurteilen Sie die Maßnahme

- hinsichtlich der Vorbereitung der ReferentInnen , als...

Sehr gut	gut	zufriedenstellend	weniger gut
☐	☐	☐	☐

- hinsichtlich der Kompetenz der ReferentInnen, als...

Sehr gut	gut	zufriedenstellend	weniger gut
☐	☐	☐	☐

- hinsichtlich der Themenauswahl, als...

Sehr gut	gut	zufriedenstellend	weniger gut
☐	☐	☐	☐

- hinsichtlich der methodischen Vorgehensweise, als...

Sehr gut	gut	zufriedenstellend	weniger gut
☐	☐	☐	☐

- hinsichtlich der Räumlichkeiten, als...

Sehr gut	gut	zufriedenstellend	weniger gut
☐	☐	☐	☐

- hinsichtlich der Atmosphäre innerhalb der Gruppe, als...

Sehr gut	gut	zufriedenstellend	weniger gut
☐	☐	☐	☐

- hinsichtlich Ihrer eigenen Fragen. Wurde auf diese eingegangen?

Sehr gut	gut	zufriedenstellend	weniger gut
☐	☐	☐	☐

- hinsichtlich Ihrer eigenen Erfahrungen. Konnten Sie diese einbringen?

Sehr gut	gut	zufriedenstellend	weniger gut
☐	☐	☐	☐

- hinsichtlich des zeitlichen Rahmens

Zu kurz	zu lange	gerade richtig
☐	☐	☐

4. Wenn Sie jetzt bereits einmal an die von „ambet" angebotene Praxisbegleitung denken, welche Themen möchten Sie hier weiter vertiefen?

Pflegerischer Umgang mit Dementen ☐

Rechtliche Fragen ☐

Gesprächsführung ☐

Biografiearbeit mit Dementen ☐

Der Umgang mit Tod, Sterben und Trauer ☐

Sexualität und Demenz ☐

Umgang mit Nähe und Distanz ☐

Körperarbeit mit Dementen ☐

Beschäftigungsangebote ☐

Sonstiges ☐

---

5. Können Sie zum jetzigen Zeitpunkt bereits einschätzen, ob Sie in nächster Zeit in der Dementenbetreuung eingesetzt werden wollen?

In einer Betreuungsgruppe ☐

In der Einzelbetreuung ☐

Keines von beiden ☐

Ich weiß es noch nicht ☐

Zum Schluß noch einige Fragen zu Ihrer Person

Männlich	weiblich
☐	☐

Alter:

Bis 30	31-40	41-50	51-60	über 60Jahre
☐	☐	☐	☐	☐

Familienstand:

Ledig	Verheiratet	Geschieden	Verwitwet
☐	☐	☐	☐

Familienkonstellation:

Kinder unter 18 ☐

Alleinerziehend ☐

Pflegebedürftige in der Familie ☐

Letzte oder derzeitige Berufstätigkeit im Bereich:

Sozial-Pflegerisches ☐

Handel und Dienstleistung ☐

Technisch-gewerblich ☐

Kaufmännisch-gewerblich ☐

Ausbildung/Studium ☐

Sie sind zur Zeit:

Berufstätig: ☐

Arbeitsuchend ☐

Hausfrau ☐

RentnerIn ☐

Bereits ehrenamtlich tätig ☐

Hier ist noch Raum, wenn Sie weitere Anmerkungen über die Arbeit mit Dementen oder zur Schulung selbst machen möchten.

____

____

HelferInnenschulung „ambet e. V." März 2003

- Auswertung Fragebogen -

Ausgegebene Fragebögen:	21
Rücklauf:	21

<u>Statistische Angaben:</u>

Weiblich:	**20**
Männlich:	1
<u>Alter:</u>	
Bis 30	1
31-40	2
41-50	**9**
51-60	6
über 60	3

<u>Familienstand:</u>	
Verheiratet:	9
Geschieden:	**11**
Verwitwet:	1

<u>Familienkonstellation</u>	
Kinder unter 18:	**11**
Alleinerziehend	3
Pflegebed. In Familie	1
<u>Beruf:</u>	
Sozial-pflegerisch	**11**
Handel und Dienstleistung	3
Technisch-gewerblich	2
Kaufmännisch-gewerblich	4
Ausbildung/Studium	1

<u>Zur Zeit:</u>	
Berufstätig:	5
Arbeitsuchend:	5
Hausfrau:	**8**
Rentnerin:	4
Ehrenamtlich tätig:	10

<u>Motive für die ehrenamtliche Arbeit mit Dementen:</u>	
Erfahrungen:	**11**
Helfen:	**18**
Persönliche Weiterentwicklung:	**12**
Berufliche Weiterentwicklung:	6
Andere Motive	1

> "Alte Demente haben es schwer in der Gesellschaft" > Anwaltschaft für Demente

Vorbereitung auf die Schulung:

Sehr gut:	2
Gut:	**12**
Zufriedenstellend:	4
Nicht stattgefunden:	3

- „Habe mir selbst Informationen über Angehörige geholt, da Koordinatorin in Urlaub."
- „Keine klare Erläuterung über praktische Ausbildung."

Beurteilung der Schulungsmaßnahme hinsichtlich...

ReferentInnen Vorbereitung:

Sehr gut:	**14**
Gut:	7

ReferentInnen Kompetenz:

Sehr gut::	**14**
Gut:	7

Themenauswahl:

Sehr gut::	**14**
Gut:	7

Methodik:

Sehr gut:	**15**
Gut:	5
Zufrieden stellend:	1

Räumlichkeiten:

Sehr gut::	**16**
Gut:	5

Atmosphäre:

Sehr gut:	**16**
Gut:	5

Einbringen von Erfahrungen:

Sehr gut::	**12**
Gut:	9

Zeitlicher Rahmen:

Zu kurz:	4
Gerade richtig:	**17**

Themenwünsche für die Praxisbegleitung

Pflegerischer Umgang mit Dementen	6
Rechtliche Fragen	6
Gesprächsführung	**11**
Biografiearbeit	7
Umgang mit Tod, Sterben, Trauer	**12**
Sexualität und Demenz	9
Umgang mit Nähe und Distanz	**11**
Körperarbeit mit Dementen	7
Beschäftigungsangebote	**15**
Sonstiges (= Motivation)	1

Einsatz in der Dementenbetreuung nach Schulung:

Betreuungsgruppe:	4
Einzelbetreuung:	4
Betreuungsgruppe und Einzelbetreuung:	12
Unschlüssig:	1

Weitere Anmerkungen:

- „Ich habe sehr viel gelernt, was mir bei einer früheren Betreuung hilfreich gewesen wäre."
- „War sehr gut, würde mich über weitere Kurse freuen."
- „Was mir fehlte, war der Umgang im Helfen beim Aufstehen."